子どもをひきつける × 励まし&ユーモア話

算数授業に効く！
"とっておきの語り"

175選
1〜3年生 編

木村重夫
Kimura Shigeo

編著

☀ 学芸みらい社

まえがき

算数授業を成功させる「語り」の辞典

本書は、算数授業を成功させる、とっておきの「語り」を集めた指導法辞典です。

わかる・できる・楽しい授業を組み立てる「語り」、教具や用語を効果的に説明する「語り」、子どもを励まし、やる気を引き出す「語り」、ときにはピシッと叱る辛口の「語り」。子どもをひきつける算数とっておきの「語り」を学年別、単元別に集めました。

私が教師の「語り」に魅力を感じたのは、向山洋一氏の「語り」を聞いたからです。

子どもが「わかんねー」と叫んだ時

向山洋一

やんちゃ君はよく「わかんねー」と叫ぶ。

そんな時私は次のように言ってきた。

「みんなの周りの空中にはね、いろんな神様がいんの。

お金持ちにしてくれる神様もいるし、勉強ができるようにしてくれる神様もいるし、反対に勉強ができなくしちゃう神様もいるんだよ。

神様はね、自分の仲間を探しているの。

誰かがね、わかんねー、と叫ぶでしょ。その時、空にいるたくさんの『わかんねー』神様が、『そら、ここに仲間がいる！』といって、どーっと押し寄せて来るんだよ。わかんねー、というとこに、押し寄せてきちゃうんだ。

だからね、わかんねー、と叫ぶたびに、本当にわかんなくなっちゃうんだよ。

反対にね、これおもしろそう！　という子や、やってみよう！　という子のとこには、勉強ができる神様がいっぱーーい押し寄せてくるの。

だからね、だんだん勉強ができるようになっちゃうんだよ。みんなは、どっちの神様と仲良くなりたい？

先生は、みんなが一人残らず勉強ができる神様と仲良くなって欲しいなあ。」

（2007年06月11日TOSS-SNS　向山洋一氏ダイアリーより）

「非科学的」などと野暮なことは言わないでください。「サンタさんがプレゼントを持って来てくれる」という話に近いです。シーンと引き込まれる子ども達の姿が目に浮かびます。「説教」ではなく「描写」しています。子どもの脳裏に場面が描かれるから集中するのです。

本書では、教師の「語り」をあえて広くとらえました。

しゃべりすぎる教師

授業中、教師はしばしば「話しすぎ」「説明しすぎ」になりがちです。教師が長々と説明すればするほど子どもはわからなくなる、ともいわれます。教師が延々と

しゃべる授業では、子どもの目は逆にトローンとしてしまいがちです。向山氏は「教師は言葉を削れ」と言います。短く的確でわかりやすい説明、シンプルで知的な発問・指示が必要です。

子どもに定着しやすい用語の言葉

　向山洋一氏は「仮分数」を分母より分子が大きいので「頭でっかち分数」、「１と３分の２」と読む「帯分数」を「と」がつくので「トつき分数」と子どもに説明しました。

　筆算で空位の「０」を「ゆうれいの０（れい）ちゃん」と呼び、ノートに薄く０を書かせることで位取りのミスを減らしました。向山氏は子どもがイメージしやすい言葉を使って、算数用語を紹介し、子どもに定着させました。これも教師の「語り」の力と言えましょう。

教材・教具のわかりやすい使い方

　算数授業では多くの「教具」が出てきます。ノート、ミニ定規、分度器、コンパス、はかり、巻き尺、そろばん、そしてパソコンやタブレットなど、全員が一定レベルまで使いこなせるようにしたいものです。そのために、どのようなステップで、何をどのように教えるか。

　例えば分度器を教える工夫です。あらかじめ全員の分度器の中心に赤点を打っておきます。測りたい角の頂点にも赤点を書かせます。次の「キーワード」は効果的です。

①「**中心ピタ**」……「分度器の中心の赤点と角の頂点の赤点をそろえます」
②「**辺ピタ**」………「分度器の横線と角の辺をそろえます」
③「**０から測る**」…「分度器の０度から測ります（180度から測りません）」

　３つのキーワードに合わせて子どもも同じように「中心ピタ！」と言いながら作業させます。何度も繰り返すうちに子どもも覚えてしまいます。やがて教師の指示は不要になります。教師の説明や指示は短い方がよいのです。理想を言えば「ない」のがベストです。

GIGA時代の新しい「語り」

　GIGAスクール構想の中、パソコンやタブレットなどのICT機器は必須の教具です。アプリやデータを子どもに扱わせます。全員が使いこなせるように、ステップを踏んで、的確に教えたり、サポートする必要があります。ICT機器を生かす、新しい「語り」を本書でも取り上げました。

　本書を活用して、「**語り**」を生かした素晴らしい実践をつくってください。

　　　　　　　　　　　　　　　　　　　　　　　　　　　　　　　　木村重夫

もくじ

2年　算数が楽しくなる "語り"

本書の使い方

離席しがち、教室から出てしまう子
★作業の多い授業をし、ドーパミンを分泌させる

ライター：岩井俊樹

教室での語り

1　語り　＊離席したときに語る。

A君飛行機が、飛行場から飛び立ちました。教室を一周したら戻っておいで。

（A君を相手にせず、他の子たちを相手に授業を進める）

（A君が席に近づいた時に言う）

A君飛行機が、飛行場に戻ってきました。ちゃくりく～。よく座れました。

2　全体を優先する

　離席してしまう子ばかりに対応していると、他の子が「立ち歩けば先生に構ってもらえる」と誤学習してしまう。

　離席しても、周りの迷惑になっていなければ、全体を優先して授業をする。

　教室から出てしまった場合には、内線で職員室に連絡し、空いている教職員に対応してもらう。あらかじめ、校内で支援体制を作っておくことも大切である。

語りのポイント

淡々と語る。余計な刺激を与えないため、目線は合わせない。子どもが席に着かなくても、「2回目、飛び立ちました～」などと言い、過剰に相手をしない。

情報BOX

引用文献：平山諭『満足脳にしてあげればだれもが育つ！』ほおずき書籍

離席してしまう、教室から出てしまう子は、ドーパミンの分泌がうまくできていないことが多い。平山諭氏は、「ドーパミン系を強化するために『変化』『運動』『工夫』『見通し』のスキルを活用すればいい」と述べている。離席した時には、説明が長くなっていないかふり返る、作業を多くしたり、ノートを持ってこさせたりして、活動や変化の多い授業をする。やっているときに、褒め、正しい行動を強化していくことが大切である。

---

2 100点・1位・勝ちにこだわる子
★予告と承認をし、新たな価値観を教える

ライター：岩井俊樹

教室での語り

■ 100点ではないことがあることを予告する

今からテストを返しますが、その前に、大切なことを話します。

テストですから、100点の人もいれば、100点でない人もいます。

100点の人は、よくがんばったね！

では、100点でない人は、がんばらなかったのかな？（違う）

そうではない。ちょっとやり方を勘違いしちゃったとか、計算ミスをしちゃったんだ。間違えたときにはどうすればいいかわかりますか？

（どうして間違えたか考える）（間違えた問題を赤鉛筆で直す）

その通り！　赤鉛筆で直せばいい。何を間違えたのかわかれば、それは一つ賢くなったってことなんだ。

間違えても、「どこが違うのかな？」って考えて、直せる人。そういう人が賢くなっていくんだよ。

■ 直しをするという承認を得る

お直しができる人？　＊挙手させる

さすが1年1組！　では、テストを返します。

語りのポイント

こだわってしまう子には、個別に承認を得る必要がある。100点でないときには、どうすればいいか聞くとよい。「直しをする」と答えたことを力強く褒め、「直す」ことを強化する。

情報
BOX

引用文献：平山諭『発達障がい児本人の訴えⅡ.逐条解説編』教育技術研究所
こだわりが強い子には、予告と承認が不可欠である。平山諭氏は、「予告と承認が不可欠なのは、不安を低減するメリットがあるからである」と述べている。「100点でないこともある」と予告し、承認を得る。「間違えても直す子が賢くなる」と新たな価値観を教え、上書きするようにする。

1位や勝ちにこだわる子にも同じように、予告をし、1位でない場合や負けた場合にどうすればいいか考えさせ、承認を得ることが大切である。

3 すぐ反抗し、乱暴な言動の子
★原因を分析し、少しでもできたら褒める

原実践者：兼田麻子／ライター：宮森裕太

教室での語り

授業でわからないところがあると暴れる子の行動を観察し、分析すると、

できないことがあるとパニックになる
完璧にやりたいという思いを持っている

ということがあった。

　暴れてしまった場合、まず、廊下や別室でクールダウンをする。その際、どのくらいの時間で落ち着くことができるようになったのか記録しておく。いつもより短い時間で落ち着くことができたら、「Aくん、前よりも短い時間で落ち着けるようになったな。すごい」と褒めることができる。

　暴れる原因を取り除き、予防することも大事である。算数で「難しそう」と思い、パニックになってしまう子には、授業前に「Aくん、この問題がもしかしたら、難しいかもしれないから、先に一緒にやってみようか？」と言って予習をする。見通しが持てるだけでだいぶ、落ち着くことができる。

語りのポイント

＊クールダウンさせるときは、お尻を床について、落ち着かせる。呼吸が落ち着いてから話をする。
＊その子がどんなに暴れても、教師は落ち着いて対応する。笑顔で語りかける。

　また、少しでもノートを書いたら褒めるなど、みんなと同じようにできなくても、少しでもできたら褒めることも有効だ。

乱暴な言動を防ぐ対応3
1　クールダウンする
2　不安な原因を取り除き、予防する
3　少しでもできたら褒める

情報BOX

原実践：兼田麻子『TOSS特別支援教育№.2』教育技術研究所、P.34
乱暴な行動は、子どものSOSである。教師は冷静に観察して、どうして暴れてしまうのか原因を見つけ、減らしていくことが大事である。

4 机やロッカーが乱れがちな子
★効果があった片付けたくなる語り2選

ライター：宮森裕太

教室での語り

　片付けが苦手で、机やロッカーが乱れがちな子。片付けさせても、次の日には乱れて同じ状態になる。注意しても、叱っても改善しない。

　そんなとき、次のような語りをしてみた。

　「机の上はね。みんなの頭の中と同じです。机の上にたくさん物を出しているのは、頭の中でたくさんのことを考えているのと同じなのです。たくさんのことを考えていると、今、何をしたいのかわからなくなるよね。机の上にたくさんの物を出していると、何の勉強をしているのかわからなくなってしまうのです。それだと困るよね。だから、片付けようね」

　また、別の語りもした。

　「教科書やノートはね。住所といって住むお家があるのです。使わないときはお家に帰してあげようね。そうしないと迷子になって困っちゃうでしょ？　教科書やノートが困らないようにお家に帰してあげようね」
と言った。

　語りをした後、「教科書がかわいそう。お家に戻してあげよう」とこちらが声をかけると、自分から戻すようになった。

語りのポイント

＊注意したり叱ったりしてはいけない。机の上と頭の中を比べて考えさせてみたり、教科書やノートをしまう場所を住所といって例えてみたりして、子どもがイメージしやすい工夫をする。

情報BOX　参考文献：『教育トークラインJr.』教育技術研究所、2015年2学期号、P.13
語りの他にも「一緒に片付ける」「片付け方を教える」「粘り強く毎日続ける」「一人で片付けられたら、しっかり褒める」ことで自分から片付けられるようになる。

5 口を挟んだり、思いつきを大声で言う子
★教室の雰囲気を悪くしないで明るく対応する

原実践者：大恵信昭／ライター：赤塚邦彦

教室での語り

　教師が発問をし、子ども達が挙手をしている最中に、口を挟んだり、思いつきを言う子がいたとする。

　このようなときに、「静かに」や「喋る人には当ててません」と叱ったり、注意したりする対応は必要ない。

　教室の雰囲気は悪くなり、授業も楽しくなくなる。

　教師は笑顔で余裕をもって次のように言う。

　「よい姿勢の人から当てていこうかな」

　この一言で多くの子の背筋が伸び、自然と口も閉じるようになる。

　「おー、みんなとってもよい姿勢になってきましたね」と褒める。

　それでも、さらに「当てて！」とか思いつきを言う子がいるかもしれない。

　「黙って手を挙げている人に当てようかな」とさらに笑顔で言えばよい。

　明るい雰囲気のままで授業は進み、口を挟んだり、思いつきで言う子が減ってくる。

　中には、Ａさんを指名しているのに、気にせず答える子もいる。

　「君はいつからＡさんになったんだい？」

　という言葉をかけることも教室が暗くならずに効果ある対応だ。

語りのポイント

＊授業スタイルを少し変えることも効果がある。教師が問いを出し、子どもが答えるという流れの中に、ノートに書かせるという行為を入れる。ワンクッション入り、思いつきを言う子は減っていく。

情報BOX
原実践：大恵信昭『特別支援・場面別対応事例集（１）発達障がいの基礎事例』
教育技術研究所、P.34
全５巻シリーズの中の１冊に掲載されていた実践である。１冊に全29事例の具体的な対応方法が紹介されている、お薦めの１冊である。

6 嫌だ、面倒くさいと拒否する子
★教師は一枚上手の対応をする

ライター：赤塚邦彦

教室での語り

「嫌だ嫌だとか面倒くさいと言っていたらね、嫌々の神様がついてくるんだよ」

「ほら、そこの『嫌』がついてくる。ほら、そこの『嫌』もついてくる」

「反対にね、ツイテル、ツイテルと思っている人は、ツイテル神様がついてくるんだよ」

「嫌々言っていると、『嫌の神様』が集まってくる。絶対に集まってくる」

人相と板書する。

「人相という言葉があるけれども、生まれもっての顔をしているんだ。お父さん、お母さんが、生んでくれたと、だからいい顔をしているんだ。

けれども、10年、20年、30年と生きていくと、嘘をついたら、『嘘をついた顔』になるんだ。

みんな、テレビや交番なんかに貼ってある『指名手配』見たことない？

あれは、とっても人相の悪い顔をしている。嘘をついてきたり、『嫌だ』『こんなのやってられないと言う子はそうなる』

犯罪者になるというんじゃないよ。ああいう顔になってくる。そういうのが集まってくるんだ」

語りのポイント

＊この話をした直後は、すぐに「嫌だ」とか「面倒だ」と言う子はそんなにいない。どこかで言いかけた時に「あっ、嫌の…」と言いかけただけで「嫌じゃありません」と返ってくる。明るく対応したい。

情報BOX　原実践：『特別支援・場面別対応事例集（2）ADHD 〜場面別〜』教育技術研究所、P.35
全5巻シリーズの中の1冊に掲載されていた実践である。1冊に全24事例の具体的な対応方法が紹介されている、お薦めの1冊である。

7 同じ数の仲間をさがそう

★「仲間づくり」は一対一対応の前段階

ライター：本間尚子

教室での語り

野原の絵です。**どんなものが描かれていますか。**（子ども「チョウチョです」）そう、チョウチョがいますね。（子ども「お花です」）そう、お花が咲いていますね。これとこれは、お花の形が違いますね。お花の名前が、わかりますか。これは？（子ども「チューリップです」）よく知っていますね。チューリップです。

これは？（子ども「…」）

いきなり聞かれると、びっくりして忘れちゃうことがありますね。そういう時は、「わかりません」と言えるといいですね。全員で練習してみましょう。わかりません。（子ども達「わかりません」）そう、上手です。では、わかる人はいますか。（子ども「タンポポです」）そう（びっくりして）、タンポポですね。これが仲間。**タンポポの仲間をぐるっと囲みましょう。次は、ウサギ。ウサギの仲間をぐるっと囲みましょう**（机間巡視をして、囲んでいるかどうか確認）。**この絵を見て、もっとお話ししたいことがある人はいますか。**（子ども「チョウチョは、花が大好きだから、お花の近くに来たのだと思う」）（子ども「ウサギは、ニンジンを食べる」）発表が上手な人がたくさんいますね。先生、びっくりしちゃった。算数のお勉強で、これからどんどん発表していきましょうね。

語りのポイント

「これが仲間ですね」と「仲間」という言葉を強調しながら黒板やサイトを囲んでいく。子ども達の答えにびっくりして褒めながら進めると楽しい授業になる。

たんぽぽ

情報BOX　「数量がわかるには、数概念の形成の基礎として、『違いがわかる』『同じがわかる』という形の認知と弁別能力が育っていなければいけません」引用：山下皓三・松井茂昭・山本なつみ編著『数を育てる』コレール社、P.54

たりるかな（一対一対応）
★線で結んで比較する

ライター：本間尚子

教室での語り

　はちさんが、チューリップに止まろうとして
います。はちさんとチューリップでは、どちら
が多いですか。（子ども「チューリップ」）どう
やって確かめればいいですか。（子ども「数を
数えればいい」）（子ども「線で結べばいい」）
とってもいい考えが出ましたね。今日は、線
で結んで考えていきます。どうなったら数が多
いことになりますか。（子ども「残った方が多
い」）そうです。先生の真似をして、線ではち
さんとチューリップを結びましょう。端から
結んでいきますよ。教師がやって見せながら、
子ども達に作業をさせる。（子ども「チューリ
ップが2つ残る」）チューリップが2つ残るか
ら、チューリップの方が多い。言いましょう。
（子ども「チューリップが2つ残るから、チュ
ーリップの方が多い」）線で結ぶと一目でわか

語りのポイント

数を扱う一つ手前の学習である。
数えなくても、一対一対応をすれ
ば、数の比較ができることを学ぶ
学習である。一対一対応には2つ
の段階がある。
①線でつないで比較する。
②ブロックに置き換えて比較する。

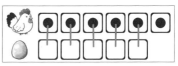

りますね。次は、ニワトリさんと卵の数を比べます。ニワトリさんがいろんなと
ころに卵を産んだので、どちらが多いかわからないね。ニワトリさんをブロック
に変身させます。次に卵もブロックに変身させます。ニワトリと卵の上にブロッ
クを置き、それを並べて線で結んで比較する。ニワトリが1つ残るから、ニワト
リが多い。（子ども「ニワトリが1つ残るから、ニワトリが多い」）

情報 BOX　「対応とは、ものの集まりと集まりとの関係をみてゆく概念である。土俵を決めそこにある
ものを置き換えてかんがえられるようにすることでもある」**引用：日本数学教育学会編著**
『算数教育指導用語辞典第5版』教育出版、P.57

9 数字（三者関係）
★具体物・半具体物、数詞、数字の対応が数獲得の要

ライター：本間尚子

教室での語り

どんな動物が何をしているかお話ししてください。（子ども「ヒツジさんがお散歩しています」）ヒツジさんたちをぐるっと鉛筆で囲んでごらん。ヒツジさんの上にブロックを置きます。ヒツジさんをブロックに変身させます。

乗せたブロックを「ツー」っと下にずらす。そして、数字を下に書く。（＊）ヒツジは、さん。（子ども「ヒツジは、さん」）3（数字を提示）（子ども「さん」）

他の動物も同様に、具体物・半具体物→数詞→数字の流れ（具体から抽象へ）で進める。

数字は抽象的な記号であるため、3という記号を見ても、●●●という具体物（数量）を想起できない児童がいる。数処理（具体物、数字、数詞の対応関係）につまずきがある児童である。

教師「さん」（子ども、数図「●●●」を出す）、教師「●●●」を提示（子ども「さん」と言う。「3」カードを出す）、というように、他の数字もテンポよくやっていくと楽しい授業になる。

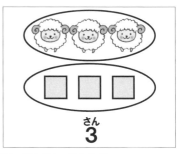

さん
3

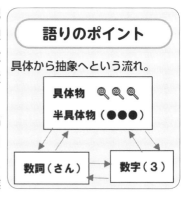

語りのポイント

具体から抽象へという流れ。

具体物
半具体物（●●●）

数詞（さん）　数字（3）

情報BOX

・（＊）向山洋一氏実践。出典：向山洋一『向山型算数教え方教室』明治図書、No.61、P.53より。他の文章は本間の実践。
・「数処理とは、数詞、数字。具体物の対応関係が習得されているかどうか、ということである。同じ3という値でも、その言い方『さん』、書き方『3』、それらが示す『具体的な物が3個』というマッチングができていなければ、そもそも数概念は成り立たない」引用：熊谷恵子・山本ゆう『通常学級で役立つ算数障害の理解と指導法』Gakken、P.28

10 5は、いくつといくつ
★加法の前段階。「は」「と」の表現に慣れさせる

ライター：本間尚子

教室での語り

具体物→半具体物→数図→数字へと段階を踏んで様々な方法で指導する。

①リンゴが5こ 🍎🍎🍎🍎🍎 あります。2人に分けてみましょう。

（絵カード等を使って提示）

🍎	🍎🍎🍎🍎	「5は1と4」
🍎🍎	🍎🍎🍎	「5は2と3」
🍎🍎🍎	🍎🍎	「5は3と2」
🍎🍎🍎🍎	🍎	「5は4と1」

> ### 語りのポイント
>
> 授業では、数字カードと数図カード、数詞を提示して授業する。数字と数図（数量）と数詞が結びついていない児童がいるためである。
>
> ご
> 5　●●●●●

②百玉そろばんを使って言ってみましょう。

5の分解。（子ども「5の分解」）

●	●●●●	「5は1と4」
●●	●●●	「5は2と3」
●●●	●●	「5は3と2」
●●●●	●	「5は4と1」（＊以後、授業開始時に毎日唱える）

③おはじきが、5個あります。こちらの手に、1個あります。反対の手には、何個あるかな。（子ども「4個です」）手を開きますよ。4個ですね。

四角の中に4と書きましょう。5は1と4。（子ども「5は1と4」）

5			5			4				3
1	4			2		5			5	

（5は1と4）　（5は3と2）　（4と1で5）　（2と3で5）

情報BOX　「すぐに＋や＝などの記号を用いて何回も計算を繰り返す指導が行われることが多いようですが、その前に、『○と○は』や『○と○で』など、『と』や『は』などのひらがなを使った式や具体物・数図・数字を利用した指導などを行いましょう。そうすれば、文章題になってもそれほど抵抗を示さないでしょう」引用：山下皓三・松井茂昭・山本なつみ編著『数を育てる』コレール社、P.113

---

11 10は、いくつといくつ
★量感を育てながら楽しく反復練習をしよう

原実践者：木村重夫／ライター：本間尚子

教室での語り

　合成・分解では、おはじき・ブロック・線結び（8になるのは、②－⑥）・色塗り（●●と●●●で5）など、多様な方法で数の構成について学習する。これに加えて毎時間授業の冒頭5分間で、百玉そろばんやフラッシュカードを使って、見て、唱えさせ、定着を図る。百玉そろばんがない場合は、「10の合成」を掲示して日常的に唱えさせるとよい。

「百玉そろばん『10の分解』」

●←→●●●●●●●●●　　10は1と9
●●←→●●●●●●●●　　10は2と8
●●●←→●●●●●●●　　10は3と7
●●●●←→●●●●●●　　10は4と6
●●●●●←→●●●●●　　10は5と5
●●●●●●←→●●●●　　10は6と4
●●●●●●●←→●●●　　10は7と3
●●●●●●●●←→●●　　10は8と2
●●●●●●●●●←→●　　10は9と1

「百玉そろばん『10の合成』」

●→←●●●●●●●●●　　1と9で10
●●→←●●●●●●●●　　2と8で10
●●●→←●●●●●●●　　3と7で10
●●●●→←●●●●●●　　4と6で10
●●●●●→←●●●●●　　5と5で10
●●●●●●→←●●●●　　6と4で10
●●●●●●●→←●●●　　7と3で10
●●●●●●●●→←●●　　8と2で10
●●●●●●●●●→←●　　9と1で10

語りのポイント

全体、女子、男子、号車、〇月生まれなど、いろいろなパターンで唱えさせる。「声が大きい！」「声が揃っている！」など、短く評価言を入れていくと、楽しく何度も唱えることができる。

正進社フラッシュカード

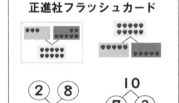

〈引用〉「10の合成・分解フラッシュカード」正進社HP

情報BOX　参考：「これだけは身につけたい百玉そろばんの技　初級・中級編」木村重夫映像CD

12 何番めかな
★動作化と言葉と作業で理解させる

ライター：下山てるみ

教室での語り

①場面を体験させる

「1号車の人、先生の前に一列で並びなさい」黒板の前に、教師を先頭に子ども達から見て、横一列に並ばせる。**「前から3人、手を挙げます」**（同様にいくつか問う）**「前から3人『め』**（めを強調して言う）**手を挙げます」「『め』**が付いたら1人だけになります」（何度か繰り返す。同様にもう一列、やらせる）

②教科書（集合数）

教科書の拡大掲示を見せながら「前から3人は、〇、△、□です。言ってみましょう」（子ども：前から3人は、〇、△、□です。）**「前から3人。赤鉛筆でグルーンと言いながら囲みなさい」**（教科書をなぞる）「前から2人は？」「前から5人は？」と次々とテンポよく問う。都度、指を出してグルーンと言わせながら空中に囲ませる。

③教科書（順序数）

「前から3人『め』は□です。□を赤鉛筆でグルンと囲みなさい。教科書の線をなぞるのですよ」「前から4人『め』は何ですか。グルンと言いながら囲みます。言ってみましょう」（子ども：前から4人めは◇です）

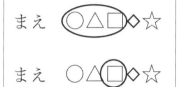

語りのポイント

集合数はグルーンと言いながら囲ませ、順序数はグルンと言いながら囲ませることで違いのイメージをもたせる。
また、「前から3人起立」などと、並んだ時や授業の隙間時間を利用して繰り返し言葉と体験を関連付けて行くことで、定着をはかっていく。

情報BOX

参考文献：向山洋一『向山型算数教え方教室』明治図書、2002年10月号（No.38）、P.52-53
・「グルーンと囲む。グルンと囲む」は佐藤郁子氏実践。
「順序数は、『1番目、2番目』というように、数のなかの位置または場所を表すものです。したがって、順序数が理解されるためには、『いくつある』と『どこにある』という二つの言葉の意味が理解される必要があります」引用：山下皓三・松井茂明・山本なつみ編著『数を育てる』コレール社、P.149

13 場所はどこかな
★動作化で理解させる

ライター：下山てるみ

教室での語り

たぬき
きつね
ぶた
かば
ねずみ

1 一次元

　動物さんが、マンションにたくさんいるね。先生が言う動物を押さえますよ。ネズミ。カバ。テンポよく言いながら動物の確認をする。

　キツネは上から何番目ですか。（2番目です）下から何番目ですか。（4番目です）上からでも下からでも数えられますね。（他の動物も同様に問う。また、○○はどこにいますか？　と問い、上から、下からの2つの言い方で答えさせる）

　果物問題も同様に行う。

2 二次元（実際の教室で行う）

　前から3番目の人、立ちなさい。その中で右から5番目の人、手を挙げて。（たった一人になることがわかる）

　窓側から1番目の人、立ちなさい。その中で後ろから2番目の人、手を挙げて。と何度か練習する。

　右から4番目で前から6番目の人、立ちます。のように1回で問い、数回繰り返す。逆の答え方も練習する。「○○さんの席はどこかな？」と問い、前から（後ろから）、右から（左から）の二次元で答えさせる。

語りのポイント

左右の理解が難しい子どもがいると思われる。黒板か教室の壁面に「みぎ」「ひだり」と書いた紙を貼って掲示しておく。

体の感覚が不十分だと身に付きにくいので、意識して、右・左・前・後ろ、などの言葉を使いながら取り組む（右手を挙げて。左足を踏んで。など）。

教室での問題を教師が出す場合は、子どもから見た位置（前後左右）を問う。

　十分に練習した後、子ども同士でクイズ問題を作らせる。

　十分活動して位置関係を理解させた後に、教科書に入っていく。

情報BOX　「空間における物の位置がわかるにはまず自分の身体の前後左右上下などを理解し次に事物の前後左右上下といった周囲にも目を向けさせることが大切です」引用：山下皓三・松井茂明・山本なつみ編著『数を育てる』コレール社、P.30

14 たし算─補助計算の工夫
★動作化と言葉でたし算場面をイメージさせる

ライター：下山てるみ

教室での語り

①合わせる場面を見せてイメージさせる

　右手に鉛筆3本、左手に鉛筆2本あります。3と2合わせると増える？　減る？　合わせるよ。ガッチャンと言いながら合わせる動作をする。5本に増えたね。これを「3と2、合わせて5です」というよ。言ってみよう。この時、子どもにも左右の指をつける動作をさせる。同様に簡単な数字を使い、他の物でも繰り返す。合わせて・みんなで・ぜんぶで、など言葉を変える。

②教科書
女の子と男の子の金魚をブロックに変身させて、袋の中に置きましょう。袋にブロックの数を書きましょう。では水槽に入れるよ。「ガッチャン」。合わせていくつになったかな。水槽にも数を書きましょう。

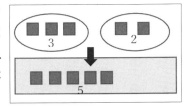

③式の意味を教える

　「3と2、合わせて5」を数字と記号で書くとどうなるかな。（3＋2＝5）すごい。どうしてわかったの？（教科書に書いてある）どこ？　指でさしてごらん。お隣さんと確認。みんなで言ってみよう。（しき3＋2＝5）数字と記号で書いたものを「しき」といいます。増えるときは＋の記号を使います。これをたし算

語りのポイント

「増える？　減る？」と聞くことにより、増える場面がたし算であることを押さえたい。また「合わせる」というイメージを持たせるために「ガッチャン」という擬音語を使うとよい。

といいます。しき3＋2＝5言ってみよう。このページにあと2つたし算の式があるから見つけてごらん。「しき」と書いてないので書き込ませて意識付ける。

情報BOX　参考文献：木村重夫『成功する向山型算数』明治図書、P.86-89
1年生に「しき」を教えるところなので、教科書の式の前に「しき」の言葉があるか確認し、「しき」を書き加えさせる必要がある。

15 たし算―補助計算の工夫
★お助け団子で補助計算をする

ライター：下山てるみ

教室での語り

①水槽に金魚が5匹います。男の子は何しているの？（金魚を入れている）何匹？（3匹）。ふえる？　へる？（ふえる）では何算かな？（たし算）式を言えるかな？（5＋3＝8）すごいなあ!!

②金魚をブロックに変身させて確かめるよ。水槽にはいくつ？（5つ）水槽に5と書きましょう。金魚鉢はいくつ？（3つ）3と書かせる。水槽にブロックを入れるよ。ガッチャン。全部でいくつ？（8つ）余白に「ぜんぶで8」と書かせる。

③ノートにかきます。まず、ガッチャンしたことを絵でかきますよ。金魚やブロックをかくのは大変だから、お団子に変身させましょう。団子を5つ小さなマスに1つずつかきます。ふえた分はいくつ？（そう3つ）水槽に入れたことがわかるように「←」を書きます。ぜんぶでお団子は8つ。本当は金魚だから8？（「匹」と言わせたい）ですね。

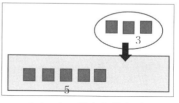

＜ノートの書き方基本型＞

○○○○○←○○○
しき　　5　　＋　　3　　＝8
こたえ　　8 ひき(びき)

語りのポイント

教科書にはイラストがあるが、ノートでは、一気に計算させるのではなく、半具体物の代わりとして「お団子」をかかせる。ブロック操作では、出すのに手間どったり落としたりと時間がかかる。児童用百玉そろばんなどがあればそろばんを使うとよい。

④団子図の下に式を書きましょう。先生と同じに書き写しましょう（手本を見せる）。「こたえ8ひき（ぴき）」まで書き写させる。

情報BOX

「数式の理解については、具体物→半具体物→数図→数字へと段階を踏んで指導します」（P.108）
「合わせるは合併で両方を一緒にすることです。増えるは増加で基になる数にほかの部分を合併することです。具体的操作活動とことばの一致を図ることのみならず、日常生活における経験をある程度積んでいないと足し算や＋という記号にはなかなか結びつかないでしょう」
引用：山下皓三・松井茂明・山本なつみ編著『数を育てる』コレール社、P.122

16 1＋0、0＋2、0＋0
★お助け団子の下にかごをかかせる

ライター：下山てるみ

教室での語り

ねこさん、うさぎさん、犬さんは何をしていますか。そう、玉入れですね。

うさぎさんは1回目1個、2回目3個入ったね。かごの下に数を書きましょう。合わせていくつ？（4こ）

式を言いましょう。（式1＋3＝4）

ねこさんの1回目、玉はいくつかごに入りましたか。（2つです）かごの下に2と書きましょう。

ねこさんは1回目に2個。2回目に0個。合わせて2個の玉が入りました。式は2たす0は2です。あれ、2回目のかごには玉が入っていませんね。何と書いたらいいでしょうか。（0です）そうか。何もないときは0と書けばいいのですね。みんなすごいなぁ。0正しく書けるかな？（挑発）人差し指出して。はい。いーち。

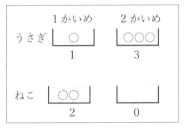

語りのポイント

図をかかせると個人差が大きく、待ち時間もふえる。団子に色をはみ出さないように丁寧に塗らせて時間調整を図る。
塗り方も周りを塗ってから中を塗る。手首を細かく動かすなど教えておくことで技能が少しずつ上がっていく。

（書き順を確認）スタートは上から？　下から？　上からでしたね。もう一度書くよ。（教師も子どもの鏡になるように書き、閉じた0になることを押さえる）かごの下に0と書いておきましょう。ねこさんは合わせていくつ入りましたか。（2です）式はどうなりますか。（2＋0＝2）先生の後についてお話をします。

> ねこさんは1回目に2個。2回目に0個。合わせて2個の玉が入りました。式は2たす0は2です。

同様に犬の問題も教科書を見ながら書き込ませ、お話をさせていく。

ノートに書くときは手本を示しながら、だんご図、式、答えを書き写させる。

情報BOX

参考文献：向山洋一『向山型算数教え方教室』明治図書、2001年6月号（No.21）、P.30-31

17 問題づくりは、わざと間違える

★わざと間違え、おかしな問題を提示することでポイントを教える

ライター：橋本　諒

教室での語り

■ おかしな問題で引きつける

「ある子の算数のノートにこんな問題が書か
れていました。ねこが4ひきいました。りん
ごが3こありました。みんなでいくつになり
ますか。しき4＋3＝7　こたえ7ひき」

> 板書
> しき　4＋3＝7
> こたえ　7ひき

「4＋3＝7だから答え7ひきで合っているよね？」（違うよ）

「そうか、これじゃいけないんだよな。7ひきじゃなくて7こだな」（違うよ！）
「どうして違うの？」（ねことりんごだから、足し算できない）

「そうか。違うものは足せないのか。じゃあ直しました。ねこが4ひきいまし
た。ねこが3びき来ました。みんなでなんびきになりますか。これでいいかな？」

■ 「例示→一緒に→自分で」3ステップ

上記のような話を例示した。次は子どもと一緒に作っていく。

「みんなも4＋3になるお話を作ります。果物にしよう。好きな果物はなんで
すか？　Aさん」（いちご）「いちごが4こありました。ノートに書いていきます
よ」「いちごを5こもらいました」（5じゃな
くて3だよ）「どうして？」（4＋3だから）

「□□□でなんこになりますか？　□の中に
はどんな言葉が入るかな？」（みんな。ぜんぶ）

「1年1組みんなで作った問題だ。読みまし
ょう」

> ### 語りのポイント
>
> 教師がわざと間違える。1年生は
> 大盛り上がりになる。大騒ぎにな
> るが、その空間を教師がいかに楽
> しめるかが大切になる。

情報BOX　向山洋一氏の1年生実践。くっつきの「を」では、わざと間違える場面が描かれている。
向山洋一『小学校1年学級経営教師であることを畏れつつ』学芸みらい社、P.98

18 ひき算記号の由来

★ひき算の記号「−」の由来について語ることで子どもを算数好きに

ライター：橋本　諒

教室での語り

1 減る問題

今日勉強したひき算は、「減る問題」とも呼ばれています。

りんごが5こあります。2こ食べました。残りはなんこありますか。

食べたので減ってしまいます。ブロックを出してやってみましょう。5こから、2こ食べるので、2こ取ります。ブロックが減るから「減る問題」です。りんごは食べると減ります。

ジュースはどうすると減りますか？（飲む）

動物はどうすると減りますか？（逃げる）

語りのポイント

子ども達からの意見を引き出す。動物なら？「逃げる」、飲み物なら？「飲む」、などヒントを与える。日常体験と結びつくことをこの語りで伝える。

他にもどんなときに「減る問題」ひき算を使うのか考えてみましょう（意見を出させる）。教科書の他の問題はどんなお話か、やっていきましょう。

2 「−」の誕生

ひき算で使う「−」という記号があります。この記号はどうやって誕生したと思いますか。色々な説がありますが1つ紹介します。

大昔、船で旅をしている人がいました。船には水を積んでおかないといけません。大きな樽に水を入れておいたのです。そして、水を飲むとどこまで減ったのかわかりません。そこで樽に横線を引き、印をつけました。次に飲んだ時も、どこまで減ったのか印をつけました。この時につけた横線が今も使っている「−」になったといわれています。

情報 BOX

「手で隠す」がポイント。教科書の挿絵を手で隠す。一目で答えがわかる状態にしてから立式すると理解が深まる。『「算数」授業の新法則化〜1年生編』学芸みらい社、P.62

19 0の意味を問う

★式に出てくる数字の意味を問うことを習慣にする

ライター：橋本　諒

教室での語り

1 数字の意味を問う

0のひき算では次のような3ステップで問題が作られている。

①6本のピンが、4本倒れました。残りは何本ですか。式は6−4＝2

②6本のピンが、6本倒れました。残りは何本ですか。式6−6＝0

③6本のピンが、何も倒れませんでした。残りは何本ですか。式6−0＝6

1問目で数字の意味を聞く。「6ってどういう意味かな」（ピンが6本ある）「4ってどういう意味かな」（ピンが4本倒れた）「2ってどういう意味かな」（ピンが2本残っている）

2問目から0が出てくる。6−6＝0となった後に、発問する。

「0ってどう意味かな」（全部倒れた。何も残ってない）子どもなりの言い方で様々でてくる。3問目でも同様に聞く。「0ってどういう意味かな」（何も倒れなかった。1本も倒れていない。変わらない）

教科書の具体的な場面→抽象的な式→子ども達の身近な言葉にする。

語りのポイント

数字の式を言葉の式にさせる。数字の意味を聞くことで、抽象的なものが具体的なものになる。0のひき算に入る前から「3ってどういう意味ですか？」と式の意味を問うとよい。

2 0の誕生

時計の一番上は12です。どうして0が使われていないのでしょうか。「0」は今から1200年前に誕生しました。時計は今から5000年ほど前に誕生しました。0がない時から時計はあったので時計には0が使われていないといわれています。

情報BOX

0の概念は、子ども達にとって意外と難しく、理解するにはとても苦労するものである。何もない状態を0ということ、0を含む計算があること、0は足しても引いても何も変わらないことなど、説明しても分からないことがたくさんである。『「算数」授業の新法則〜1年生編』学芸みらい社、P.66

20 場面を変えて繰り返す
★「線でつなぐ」「手で隠す」を場面を変えて繰り返す

ライター：橋本　諒

教室での語り

1　挿絵→ブロック→ノート

①「線でつなぐ」、②「手で隠す」の2ステップで教える。挿絵、ブロック、ノートと同じ作業を場を変えて行う。

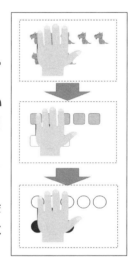

「いぬが5匹います。ねこは3匹います。いぬは何匹多いですか？　という問題です。違いを聞かれる問題でした」

「教科書のいぬとねこを線でつなぎましょう」

「手で隠します。残ったのは何匹ですか？」（2匹です）教科書の挿絵に直接書き込みをさせる。

「いぬが黄色ブロック、ねこは白ブロックに変身しました。ブロックを出しましょう」ホワイトボードの上において、線でつながせる。

「いぬが白い丸、ねこは黒い丸に変身しました。ノートに丸を書きましょう」

2　問題に名前をつける

線でつなぐような絵を描きました。「つなぐ問題」と名づけます。

いぬとねこは何匹違うか。オスとメスどちらが多いか。他にどんなときに、「つなぐ問題」は使えそうですか？（男の子と女の子。勝った人と負けた人）

いろんな場面で使えます。では、教科書の他の問題にも挑戦していきましょう。

線で結ぶことを「つなぐ問題」と名づけると子ども達も印象づく。

語りのポイント

問題に名前をつける。「減る問題」。「つなぐ問題」。たし算なら「ガッチャン問題」。問題の種類によって名前を分けておくとよい。

情報 BOX

1年生のひき算の問題には、「求残」と「求差」の2種類がある。「求残」はりんごが5個あります。3つ食べました。残りはいくつですか。残りを求める問題。「求差」は男の子が5人。女の子は3人。男の子は何人多いですか。
違いを求める問題。『「算数」授業の新法則〜1年生編』学芸みらい社、P.64

21 コースを選び問題を作る
★問題のタイプを示し、選択させることでどの子もできる

ライター：橋本　諒

教室での語り

❶　教師がわざと間違える

　ひき算のお話を先生が作りました。おかしなところがないか、よーく聞いていてね。

板書
しき　6−4＝2
こたえ　2こ

　お土産で果物がたくさん届きました。りんごが6こありました。みかんを4こ食べました。りんごは何こ残っていますか？　式6−4＝2　答え2こ

　6−4＝2だから、答え2こで合っているよね？（違うよ）

　そうか、これじゃいけないんだよな。2こじゃないよな。どうして違うの？（りんごは減っていないよ）

　そうか。じゃあ直してみるよ。りんごが6こありました。りんごを3びき食べました。（**ひき**じゃないよ。**こ**だよ。）3こ食べました。残りは何こですか？

❷　コースを選ばせる

　上記のように語りながら1つのお話を例示する。「減る問題」で例示をした。「つなぐ問題」も例示するとよい。その次に、子どもに作らせていく。

　みんなも6−4になるお話を作ります。ひき算には、「減る問題」と「つなぐ問題」がありました。「減る問題」はいちごが6こありました。4こ食べました。残りは何こでしょう。「つなぐ問題」は、男の子が6人いました。女の子が4人いました。どちらが何人多いでしょうか。どちらの問題を作りたいですか？

　先生の作った問題を真似してもいいですから、自分で問題を作ってみましょう。

語りのポイント

前時から「減る問題」「つなぐ問題」と名前をつけておく。子ども達にも、ひき算は2種類あると認識させておくことで、問題作りもスムーズに行うことができる。

情報BOX　学習指導要領に「ものの個数を絵や図などを用いて表すこと」について指導するように書かれている。教科書の挿絵を使って話をしたり、絵を簡単な図に描き直してノートに描いたりする活動も必要である。『「算数」授業の新法則〜1年生編』学芸みらい社、P.68

22 十字形の棒の長さくらべ
★「測る」方法の全てを子ども達から引き出す

原実践者：向山洋一／ライター：横崎邦子

教室での語り

【図1】

1　1m近い2本の竹の棒を十字型に示す（図1）

「どちらが長いですか？」と問う。予想を聞いた後、「人数の多い方に決めよう」（子：「だめ」「調べた方がいい」）

2　調べる方法を出し合う

「どうしたら調べることができる？」（子：「2本の棒を合わせる」☆）

「それもいいけど、今はこの2本は動かせないとしよう」すると、子ども達は知恵を絞って様々な案を出してくる。

＊①「短い棒で測って、数が多い方」
　②「見て、だいたいで決める」
　③「長いものさしで測る」
　④「手の幅で比べる」
　⑤「棒を床に立てて、背の高さで測る」

3　子どもが実演

問題点が出てくる。例えば①では、短い棒が重なっていても平気で数えている等である（図2）。「これでいいかな？」と問題の発見を促し、「印をつけながらやるといい」など、子ども達から解決策を出させ、測り方を一つひとつ全員に納得させていく。

4　最後に2本の棒を合わせる

「いいか、合わせるぞ」と言って、十字形を＝形にする。ただし、図3のように。「ほら、左の方が長い」（子：「ずるいよ」「下を揃えなきゃだめだよ」）

> ### 語りのポイント
>
> 向山氏の実践。おそらく終始にこやかに子ども達に問いかけていたと推察される。にこやかに、子ども達一人ひとりと目線を合わせ、言葉を区切りながらはっきりと話すことを心がけるとよい。

【図2】

【図3】

情報BOX 向山洋一『教え方のプロ・向山洋一全集24「向山型算数」以前の向山の算数』明治図書、P.11～13／向山洋一『教師であることを怖れつつ』明治図書、P.142　＊①は「個別（任意）単位」による測定、②は「目分量」、③は「普遍単位」による測定、④は「間接比較」の初歩、⑤は「間接比較」の基本。「直接比較（☆）」以外の全てが示されている。

23 数をわかりやすく整理しよう

★子どもと問答しながら、整理のポイントを見つけさせる

ライター：横崎邦子

教室での語り

【図1】

1 「どうしたら、一番多いのや、2番目に多いのがわかるかな？」

（子：「数えればいい」／「種類別に並べればいい」）「まず、数えてみるね。1，2 …」と、教師がわざと同じものを2回数えたりして、うまく数えられない様子を見せる。（子：「先生、それ、さっきも数えたよ」）数えたら丸で囲む、線で消す等、子どもから出てきたアイディアを使って数え、それぞれの数を確認する。

2 「一目見てこれが一番多い、2番目に多い …とわかる方法はないかな」

（子：「並べてみればいい」）

「先生が並べてみました。これでどうかな？」（図2）

（子：「見やすい」「数を数えやすい」）

（子：「おかしいよ。かにの方が多いのに、これだとたこの方が多く見える」）

語りのポイント

教師わざと間違えたり、問いかけたりしながら、子どもの考えを引き出していく。突拍子もないアイディアも否定せず「なるほど、よく思いつくね」等、受け止めながら、明るく、テンポよく進めていけるとよい。

【図2】

3 「どうしたら、一目見ただけで、かにが一番多いってわかるようにできるかな？」

（子：「横もそろえればいい」）

【図3】

図は、画面上または黒板上で自由に動かせるようにしておき、縦だけでなく横もそろえて並べかえさせる。子ども達に並べかえさせるなら、別に並べる場所を作っておいた方がやりやすい（図3）。

情報BOX 絵グラフなどで、〇や×の代わりに具体的な絵で数量の大きさを表すのに用いる図を「情景図」という。低学年では問題場面を具体的に知らせることが大切で、〇よりも具体的な魚の形の方が場面をとらえやすい。その後、徐々に、「情景図→〇で表す→棒グラフ」のように抽象化していくステップが必要である。**日本算数数学教育学会編著『算数教育指導用語辞典　第4版』教育出版、P.134**

数のお部屋
★11を101と書かせないために

原実践者：向山洋一／ライター：横崎邦子

教室での語り

❶　数を数える際には1〜10までを一緒に教えてはならない理由

　それは、10という数字を1つの文字として認識してしまうからである。だから「じゅういち」を書きなさいというと、当然「101（10と1）」と書くことになる。次の手立てでそれを防いでいく。

❷　1つの「数のお部屋」には9個までしか入れません

　まず、小さなタイル（数のブロック）を黒板に並べ、「いくつかな？　□の中に数を書いてごらんなさい」と個数を入れさせる。1から9まで、何回かくり返す【図Ⓐ】。そして、小さなタイルを10並べて、「1つの数のお部屋には、9個までしか入れません。ちびタイルは10になったら、大きいタイルの棒に変身します」「大きいタイルの棒は、ちびタイルの左のお部屋に移ります【図Ⓑ】」「全部でいくつあるのかな？」（12）「左のお部屋に大きいタイルの棒の数を、右のお部屋にちびタイルの数を書くのです【図Ⓒ】」（12と記入）続いて13を出題。ノートに書いて持って来させる。

❸　タイルがないところに何を書くか迷う子には

「難しいぞ」と言いながら、【図Ⓓ】の問題を出す。タイルがないところに何を書いたらよいか迷う子には「ないのを何個っていうのかなあ？」と問いかけ、子どもから「0個」を引き出すようにする。

語りのポイント

「ここはとっても難しいところ」であることを強調し、できたら大げさに驚いて褒めてやると乗ってくる。子ども達を挑発しながら、笑顔で楽しそうに授業する。

情報BOX
向山洋一『教え方のプロ・向山洋一全集24』明治図書、P.9-11
小笠毅『教えてみようさんすう』日本評論社、P.84-85
※下線の部分は、向山実践の言い方を変えたり、付け足したりしたところである。
　図についても「お部屋」をより意識させたいと考え、タイルの部分も部屋に分けている。

25 数の線

★「数の線」を指で押さえさせながら読ませよう

ライター：横崎邦子

教室での語り

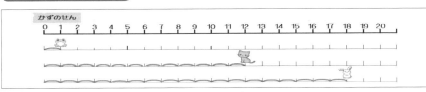

1 「数の線」を知り、数字を指で押さえながら読む

　すごろくの数字を指で押さえながら読んだ後、「すごろくを、線のように並べてみました。このように、数が順番に並んでいる線のことを『数の線』といいます。『かずのせん』」（子：「かずのせん」）「数の線、0 を指で押さえてごらん？押さえながら読むよ。0、1、2……19、20。今、指が20のところにある人？よくできました」

2 「すごろく」と「数の線」の似ているところ、違うところ

　「すごろくと数の線では、似ているところと違うところがありますね」似ているところを尋ねた後、「違うところはどんなところですか？」（子：「すごろくは数がばらばらだけど、数の線は数がまっすぐに並んでいるところ」「数の線は数と数の間の長さが同じになっているところ」「すごろくには 0 がないけど、数の線には 0 があるところ」）0 に気付いたら「すごいね、よく気が付いたね。すごろくの『すたあと』は数の線ではいくつ？」（子：「0」）「0 がスタートだね」

> ### 語りのポイント
>
> 子ども達から考えを引き出す際には、子どもが答えて終わりではなく、「〇〇ちゃんと同じように考えていた人？」のように、指名されなかった子や、自分からは進んで手を挙げられない子の声も拾っていくようにしていく。

情報BOX　1年では、0と自然数の大小および順序を知り、数の系列を作ったり数直線の上に表したりする「かずのせん」として、1列に並んだものの順位を示すことと関連させながら取り扱うようにする。数を数直線上に表すと、それらの数は直線上で等間隔になっている点と、一対一に対応させることができることを次第に理解させていく。『算数教育指導用語辞典　第4版』P.42

㉖ たし算とひき算
★百玉そろばんや数のブロックの操作と連動させて

ライター：横崎邦子

教室での語り

①　百玉そろばん

① 「10と5で15」「10と3で」（子：「13」）…

② 「15から5をとった数は？」（子：「10」）…

③ 「10に4をたした数は？」（子：「14」）…

④ 「14から4をひいた数は？」（子：「10」）…

①〜④を数を変えながらテンポよく繰り返し言わせていく。

【あわせた】の動作

【とった】の動作

②　趣意説明

「式というのは、算数の言葉です。これから、今、百玉そろばんでやったことを、式で書くお勉強をします」

③　言葉を言いながら式を書く

「①10と5をあわせた数は15です」

「何算ですか？」（子：「たし算」です）

「10と5をあわせた数は15です」

$$10 + 5 = 15$$
$$①\quad③\quad②\quad④\quad⑤$$

言いながら、番号順に式を書いていく。特に、「＋」を書いた直後に「＋」を指し、「あわせた」と言って「＋」の意味を強調する。

語りのポイント

③では、「あわせた」「とった」「たした」「ひいた」を言う時には、__動作をつけて示す__とよい。その際は、タイル（数のブロック）を使うと示しやすい。式を書くときにも、「あわせた」と言いながら＋を書く。

情報
BOX

「百玉そろばん」とは、1本の桁に10個の珠が通されて、その桁が10本並んでいるそろばんである。子どもに数を教える際、視覚で理解し、楽しみながら数に触れることができる教具として、特に低学年の指導に有効である。

なんじ なんじはん
★短針→長針の順にスモールステップで指導する

原実践者：溝端久輝子／ライター：松本菜月

教室での語り

掲示用の大きな時計を用意する。短針のみを取り付け、「6時」を指す。

【説明】「先生は、朝6時に起きました」

次に、短針で「7時」を指す。

【発問】「何時ですか？」（7時です）

短針を動かし、「何時」なのか全体や個人を指名して答えさせる。

次に、掲示用の時計に長針のみを取り付け、「1分」を指す。

【発問】「何分ですか？」（1分です）

長針を1分ずつずらし何分か言わせる。

次に、5分、10分、15分…と5とびで言わせる。全体や個人を指名して答えさせる。

次に、長針と短針を両方取り付け、「7時30分」を指す。

【発問】「先生が学校に着いた時刻です。

何時何分ですか？」

7時30分でも7時半でもよいことを伝える。

【指示】「算数セットの時計を使って、隣の人と問題を出し合いなさい」

語りのポイント

2学期頃から、「〇時」「〇時半」等の時刻を表す言葉を日常的に使い、慣れさせておくとよい。

また、毎日の算数授業の中で少しずつ百玉そろばんを用いて、5とび・10とびで60まで言えるようにしておくとよい。

情報BOX 原実践：『TOSSランド』「なんじなんぷん」溝端久輝子

28 向山氏の名人芸「変化のある繰り返し」
★ゆったり読むと優しい読みになる

原実践者：向山洋一／ライター：木村重夫

教室での語り

◆「ねこは、みんなで何匹になりましたか」

「3匹乗っています」

「2匹乗ります」

「4匹乗ります」

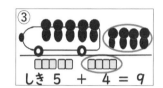

◆「もう一度、一番上の絵にもどりますよ」

「3匹乗っています。ねこの3匹を指さしてごらん。赤鉛筆で3匹のねこを大きく囲みなさい。その下、ブロックが置いてあります。いくつありますか。3つですね。これはねこが3匹乗っていることを表しています。それも赤鉛筆で丸く囲みなさい」（同様にして、「2匹乗ります」、「4匹乗ります」を扱う）

◆「もう一度、一番上にもどります。3匹乗っています。ブロックの下に数字の『3』と書きなさい」「2匹乗ります。乗ろうとしていますが、乗ったとします。後から乗ったブロックに『2』。2つ合わせるのですから『3＋2』です。『＝』を書いて答えを書いてごらんなさい。3＋2＝5ですね」

「4匹乗りました。今、バスに5匹乗っていますから、ブロック5個の下に『5』、後から4匹乗ったので『4』と書きます。

次に先生は何をしなさいと言うと思いますか。『＋』と書きなさい、ですね。よくわかるね。次に何をしますか。『＝』ですね。天才1年生だ。次に何をしますか。答えですね。5＋4＝9、これが式ですね」

語りのポイント

一文一文ゆったり読む。間を空ける。数字が際立つように読む。ゆったり読むと必然的に優しい読み方になる。（向山氏）

情報BOX

2003年向山型算数セミナーでの向山洋一氏の介入授業。
『向山型算数教え方教室』「実力急増講座」木村重夫、明治図書、№66〜67
向山氏の授業を現行教科書に合わせて木村が一部修正した。

29 どちらが おおい
★直接比較→間接比較　ときにはわざと間違えて盛り上げる！

原実践者：溝端久輝子／ライター：松本菜月

教室での語り

2本の空の容器を準備する。

【発問】「どちらが多く水が入ると思いますか。㋐と思う人？　㋑と思う人？」

【発問】「どうやって調べますか。ノートに絵や図、言葉でもいいので、かいて持ってきなさい」

数名の考えを板書させ、説明させる。比較のしかたは大きく分けて2つある。「直接比較」と「間接比較」である。まず、直接比較を実際にやってみる。次に、別の入れ物を準備して間接比較をやってみる。

【間接比較】

次に、3つの入れ物を扱う。こちらは、直接比較がやりにくい。間接比較の方がやりやすいこと、任意単位が便利であることに気付かせるためである。

【発問】「3つの中で一番たくさん入るものはどれでしょう」

【発問】「どうやって調べますか」

大きなコップだけでなく、ここでは小さなコップも使うとよい。

語りのポイント

間接比較の場面で「㋐は大きなコップ、㋑は小さなコップで比べてもいいよね？」と問う。子ども達は「ダメ！」と言う。任意単位は同じ大きさでないといけない、と子ども達に印象付けられる。

情報BOX 原実践：『TOSSランド』「どちらがおおい①かさの概念」「どちらがおおい②かさの測定」溝端久輝子

30 たしざん
★読み方・かき方の手本を教える

ライター：木村重夫

教室での語り

◼ 答え方の手本を教える

駐車場に8台、後から3台来ました。駐車場に2台入ると10台、残りが1台となります。駐車場の8台を大きく赤鉛筆で囲んでごらんなさい。後から来た3台のうちの、駐車場に入れる2台、それも囲ってごらんなさい。

自動車は何台ですか、というときに、次のような答え方をします。

「8と2で10。10と1で11です」

自動車は何台ですか？　さんはい。（8と2で10。10と1で11です）

はい、このようなお勉強をします。

◼ さくらんぼのかき方を教える

$$8 + 3 = 11$$

8＋3の3、これを2つに分けましたね。（板書）

いくつといくつに分けたのですか。このようにさくらんぼをかいて数字を入れてごらんなさい。（板書）

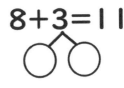

① 8＋5

◼ ブロックにさくらんぼを加える

①8＋5。下にブロックがあって、8と5。

右側にブロックが5個あります。それを2つに分けます。分けるところで縦線を入れてごらんなさい。（2と3だね）**さくらんぼ**をかいてみよう。

8＋5は、いくつですか。**お勉強した答え方**で言ってみよう。

「8と2で10。10と3で13です」

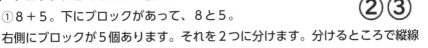

情報BOX　向山洋一介入授業「向山型算数セミナー岩手」2002年9月
『教育トークライン7月号』「向山型算数に挑戦」木村重夫、教育技術研究所

31 ボール、箱、つつの形
★自由試行で直接体験を十分に積ませてから語る

ライター：五十嵐貴弘

教室での語り

1 モノを準備し、触らせる

　子どもによって、立体に触る体験には大きな差がある。触ったり、積んだり、転がしたりする具体物の準備が必要である。家庭にお願いしたり、教師が集めたりして十分な数と種類を事前に準備しておく。

　「おうちをつくってごらん」

　「乗り物をつくってごらん」

　子ども達は自由試行の中で、「四角の方が積みやすい」「丸い形は転がりやすい」ということを直感的に理解していく。教師の仕事は、驚くことである。「高く積んだね！」「転がるんだ！」「すごい！」「天才！」「この発想はなかったなぁ」

2 つつの形

　「転がりやすいのはどれですか」

　子ども達は、「これ！」「チョコの箱です！」と発言する。中には「丸い形です」「つつの形です」「ボールの形です」と言う子がいる。「丸い」「つつ」が出てきたら、すかさず大きく褒める。

　「すごいなぁ。みんなで言ってみよう。つつ。さんはい」

　「つつの形をたくさん集めましょう」

　同様に、「積み上げやすいのはどれですか」と問い。箱の形も言わせる。

> ## 語りのポイント
>
> 存分に活動してから、ピラミッドのつくりについて語る。その際、手に持っているものは全て置かせた上で、話し始める。語りの途中、GoogleEarthを見せて視覚情報を与える。よりイメージが掴みやすくなる。

情報BOX　ピラミッドは箱の形を積み上げたものである。紹介するのもよい。
GoogleEarth（ブラウザ版）ギザのピラミッド

32 引く足す13−9
★百玉そろばんで繰り返し唱えて暗唱する

ライター：篠崎栄太

教室での語り

1　百玉そろばん

①「13−9の計算は？」

②「10から9を引いて1」

③「1と3で4です」

算数の授業の冒頭は必ず百玉そろばん。教師が前で実演する。

13−9だけでなく、「引く9」の計算をたくさん扱う。

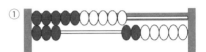
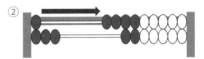
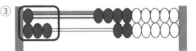

2　フラッシュカード

繰り下がりのある引き算は、毎回指を使って計算するよりも、覚えてしまったほうがよい。

「『引く9』の計算は引かれる数の一の位に1を足すだけだね」

「1」をカードを持つ手の人差し指で表し、パッと見て答えが言えるようにする。

「引く8」の場合は2を足せばよい。

語りのポイント

＊百玉そろばんの①〜③は、拍に合わせて唱えさせる。体を揺らしながら、リズムで覚えるのである。

＊時々子どもに一人で唱えられるか挑戦させる。最後まで唱えることができたら、うんと褒めてやる。

情報BOX

教育技術研究所では、「百玉そろばん」だけでなく、「二十玉そろばん」も販売している。

児童用と教授用とがあり、13−9などの引き算の指導にはうってつけである。

33 引く引く12－3
★百玉そろばんとさくらんぼ計算で「引く引く」

ライター：篠崎栄太

教室での語り

1　百玉そろばん

① 「12－3の計算は？」

② 「12－2＝10」

③ 「10－1＝9」

「答え9です」

教師の後に続けて言わせる。

児童用の百玉そろばんを出させ、自分でも操作をしながら唱えさせる。

「2を引いてさらに1を引くから、『引く引く』の引き算ですね」

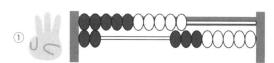

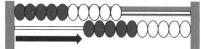
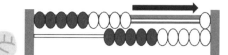

2　さくらんぼ計算

「3を2と1に分ける」

この作業が追加されるが、そのあとは　百玉そろばんのときと同じように唱える。

「すらすら一人で唱えられたら合格です」

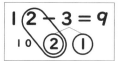

語りのポイント

＊百玉そろばんで演示するときは最初に教師が引く数を指で出しておいてやる。慣れたら出さずにもう一度唱える。

＊計算のアルゴリズムを覚えさせる。一つずつ「次に何をしますか」と問うて子どもに答えさせる。

情報 BOX

『小学校学習指導要領（平成29年告示）解説　算数編』P.87には、減加法と減減法とについて次のように書かれている。

「どちらを主にして指導するかは、数の大きさに従い柔軟に対応できるようにすることを原則とするが、児童の実態に合わせて指導することが大切である」

34 おおきい かず
★百玉そろばん　変化ある繰り返しで数を数える

ライター：篠崎栄太

教室での語り

1 隠し玉

「隠し玉。机に伏せなさい」
と言って、百玉そろばんを教卓の下に隠す。

T：「10とび。（カチッ、カチッ）」

T：「1とび。（カチッ）」

T：「いくつ？」

C：「21！」

慣れてくればもっと大きい数でできる。

レベルアップしながらこれを3回。

何回正解できたか、子どもに手を挙げさせて確かめる。うんと褒める。

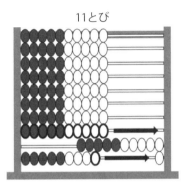

11とび

2 11とび

10とびで数えられるようになったら、次は11とびで数えさせる。

図のように、百玉そろばんの下2段から、11、22、33、44 …とリズムよく玉を入れていく。99まで来たら、

T：「あと1で？」

C：「ひゃーく！（100）」

語りのポイント

＊百玉そろばんの玉は「カチッ」と音が鳴ったら数える。隠し玉ではその音を聞いて頭の中で数える。

＊百玉そろばんで数えるときは「ここを見ていてね」と言って動かした玉の部分を指す。

情報 BOX　百玉そろばん「11とび」　実演映像
（相模原市立小学校教諭　鈴木恭子）

35 0～100の中で1は何回出てきますか
★「体力派」と「頭脳派」のどちらでもよい

ライター：篠崎栄太

教室での語り

1 問題の提示

> T：「0から10の中で、1は何回出てきますか」
>
> 「数を書いたときに1を何回書くかということです」
>
> C：「1と10で2回です」
>
> T：「よくわかったね。すばらしい」
>
> 「では、0から100までだと何回でしょうか」

まずは簡単な助走問題から題意を捉えさせる。

「1を何回書くかということ」 を言わないと混乱させる可能性がある。

> T：「ノートにやってごらんなさい」

2 答え合わせ

数を全部書いて数える子がいれば、位ごとに数える子もいるだろう。

> T：「1が出てくる数を言ってごらん」

1，11，21…と縦に板書する。

> T：「まだありますね」

12，13，14…と横に板書する。

> T：「100もあるな」
>
> 「すごいね。バッテン印に並んだ」「重なったところの『11』は1が2つの数ですね」

語りのポイント

＊子どもから似たような考えが出たらすごいと褒めて取り上げる。

情報 BOX 『向山洋一年齢別実践記録集』第20巻・学級通信「アチャラ」No.4
「1から50までの足し算」（4年生4日目の算数の時間）
頭を使って工夫する頭脳派、とにかく計算していく体力派、どれでもいいのです。

36 数の線の問題
★指で押さえながら数えよう

ライター：篠崎栄太

教室での語り

❶ 数の線

教科書の一番上。

2ページにわたって線がまっすぐ引いてありますね。

一番左、端っこ0。指で押さえます。

すーっと指で一番右までなぞってごらんなさい。

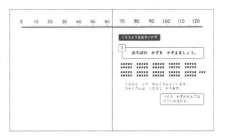

こういうのを「数の線」といいます。言ってごらんなさい。

数がきれいに並べて書いてありますね。

指で押さえながら10とびで読んでいきます。10、20、…120。

すごいなあ。100より大きい数も読めちゃうんだ。

もう一回自分で読んでごらんなさい。

❷ 100より大きい数

①の問題。葉っぱを数えます。

（100枚囲って「100」と書く）

100と3でいくつですか。（103）

上の数の線ではどこになるかな。

「ここ」って矢印を書けたら持っていらっしゃい。

一番小さい1目盛りが「1」だよね。

語りのポイント

＊数の線は1目盛りが細かいため、黒板に拡大したものを掲示する。

＊教師も一緒に指で押さえて数え、書き込み作業も子どもと同じように演示してやり、できたらうんと褒める。

情報BOX

直線上に基準となる点を決めてそれに0を対応させ、決めた長さを単位にして目盛りを付け、点の位置で数を表した直線を数直線という。（中略）なお、用語としての数直線は第3学年で扱う。

『小学校学習指導要領（平成29年告示）解説　算数編』より

37 同じ大きさのタイルで比べる
★大きさの違うタイルで挑発する

ライター：木村重夫

教室での語り

1 ⑦と⑦は、どちらが広いでしょうか。　　重ねても、よくわかりませんね。

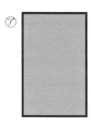  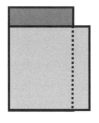

2 ⑦と⑦を重ねないで比べるには、どうしたらよいですか。

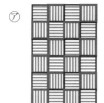 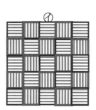

 タイル
同じ広さの ▦ を並べます。
⑦と⑦は、どちらが広いでしょうか。

　「⑦はタイルが24まい、⑦はタイルが25まいなので、⑦のほうが広いです」

3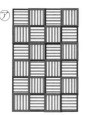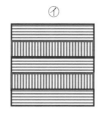

> ### 語りのポイント
>
> **3**挑発することで、合同な図形で比較することを強調する。「先生はこう考えました。『⑦24まい、⑦5まいなので、⑦が広い』これでいいですよね」（子ども「同じ広さで比べないとダメです」）

情報 BOX　「まわりの長さが等しい長方形と正方形について、『どちらが広いか』という問題を与えたとき、次の反応が予想される。①重ねて比べる。②まわりの長さで比べる。③合同な図形を敷き詰め、その個数の大小で比べる。」『算数教育指導用語辞典』教育出版、P.286
3「挑発する指導」石坂陽（向山型算数ベーシックスキル勉強会）

38 時計の読みはリズムよく
★声に出して時計を読ませる機会を増やす

原実践者：向山洋一／ライター：木村重夫

教室での語り

　時計は、リズムよくテンポよく何度も読ませる。子どもの生活に合わせて、たくさん時計を読む経験を重視したい。

　朝起きた絵、指さしてごらん。時計があるね、読んでみよう。
　さんはい。（6時です）そうですね。
　次、行ってきまーす。指さして。何時だろう？（7時30分です）
別の言い方では何と言いますか？（7時半）言ってみよう。
　教室でお勉強をしている。何時だろう？（10時10分です）
　さようならー。指さして。何時かな？（2時45分です）
　お家で歯みがきしている。夜の何時だろう？（8時15分です）
　お布団に入ってお休みなさーい。（8時23分です）

　すごいなあ。みんな時計が読めるんだね。
　今度は男の子だけで言ってみよう。声をそろえてね。朝起きたとき。何時だろう？（6時です）
　女の子だけで言ってみよう。（6時です）女の子のほうが声がそろっているなあ。
　男の子もう一度。（6時です）今度は上手だなあ。

情報BOX　向山洋一の介入授業「向山型算数セミナー」

㊟39 みんなで何人

★挿絵で十分に活動させた後に、だんご図につなげる

原実践者：木村重夫／ライター：五十嵐貴弘

教室での語り

① 挿絵で答えを確定する

教師が問題を読む。

「挿絵があります。そらさんに指を置きなさい」一緒に数えてもよい。

「みんなで何人いますか」

10人、という子が多い。挿絵の時点で答えを確定すると、子どもは安心する。

そらさんまでだんご図でかきます。
同じようにかきましょう。

まえ ○○○○○● ←そらさん
6人

② だんご図をかかせる

「人間をだんごにして考えますよ」

「○だけでかいた図をだんご図といいます。言ってごらんなさい」

「そらさんまで、だんご図でかきます」

「そらさんは、どの○でしょうか。赤でぬりましょう」

「そらさんのうしろに何人いますか。だんご図をかきます」　スモールステップで発問と指示を繰り返す。

子どもには「児童用百玉そろばん」を持たせる。

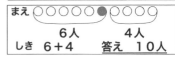

そらさんのうしろになん人います
か。だんご図をかきましょう。

まえ ○○○○○●○○○○
6人　　　4人
しき 6＋4　答え 10人

③ 百玉そろばんで具体から半具体物へ

子ども達の手元に児童用二十玉そろばんを持たせる。ブロックでは微細運動が苦手な子どもは、うまく操作できずに床に落としてしまうことがある。二十玉そろばんであれば、だんご図の様子を簡単に再現できる。

語りのポイント

語るだけでなく、子ども達に作業の時間を保証することで「できた！できた！」の連続となる。成功体験があるから教師の語りが高い効果を発揮する。

情報BOX　木村重夫『続・成功する向山型算数の授業』明治図書、P.60
『PISA型読解力育成スキルシリーズ　ぶんしょうだいスキル』教育技術研究所

40 全部で何台
★単元を通した基本型「だんご図」で、どの子もできる

ライター：五十嵐貴弘

教室での語り

1　だんご図に「へーんしん！」

教師が問題を範読し、子ども達に読ませる。その後、挿絵を扱う。

「人が乗っている一輪車は何台ですか」

「5台ですね」

「5台をグルーンと大きな丸で囲みましょう」

「すぐそばに『5』と書きなさい」

「誰も乗っていない一輪車を丸で囲みなさい」「3と書きなさい」

「一輪車は、全部で何台ありますか」「8台です！」

「だんご図にへーんしん！」テンポよく進め、「へーんしん！」のキーワードで授業を進める。

2　変化のある繰り返しでだんご図をかかせる。

「丸を5こかきなさい」

「子どもが乗っている一輪車、だんご図にへーんしん！　丸を5こかきなさい」

「次に何をしますか？」

「残りの一輪車をへーんしん！」

繰り返すことで子ども達は次に何をするかわかるようになる。

挿絵だけでも問題を解くことはできる。ここでは、作業を通して、具体物→半具体物への移行を行う。

> ### 語りのポイント
>
> 1年「たしざんとひきざん」の単元は、だんご図をキーワードにして解くと、わかりやすい。すでにだんご図を使って解いているので、明るく、爽やかな笑顔で「へーんしん！」と言って進めるとよい。

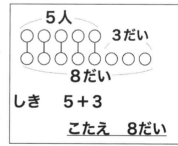

```
        5人
  ○○○○○      3だい
           
  ○○○○○
        8だい
しき　　5＋3
     こたえ　8だい
```

情報BOX

木村重夫『算数の教え方には法則がある』明治図書、P.65

『PISA型読解力育成スキルシリーズ　ぶんしょうだいスキル』教育技術研究所

〈1年　たしざんと ひきざん（だんご図）〉

41 多い方、少ない方
★お話をイメージさせ、だんご図をかかせる

原実践者：木村重／ライター：五十嵐貴弘

教室での語り

1　お話をイメージさせる

まず、教師が問題を読み、子どもにも読ませる。お話の様子をイメージさせるために「何のお話ですか」と問う。1年生は、いろんな答えを言う。どれも明るく受け止める。

「赤い丸は何の数を表していますか」

「みかんのあめの数ですね」

「（　　）に数を書きましょう」

「7こですね」

「みかんのあめと同じ7こ分だけ、りんごのあめの丸をなぞってみましょう」「ほんとに同じかな？　線でつないでみましょう」

「りんごのあめはもっと多いですね」「次に先生、何て言うと思いますか」

「カッコに数を書くのですね」

「丸をなぞるのですね」

「7このりんごより5こ多い。全部でりんごは何こですか」

2　だんご図で作業させる

「あめの数だけ○をかきます」

「○だけでかいた図をだんご図といいます。言ってごらん。いちごとりんごのだんご図をかきます。だんご図を線でなぞりましょう」

みかんのあめが　7こあります。
りんごの　あめは、みかんの　あめより　5こ おおいそうです。りんごの　あめは、なんこ ありますか。

みかん ○○○○○○○

りんご ○○○○○○○○○○○○

しき　7＋5

こたえ　12こ

語りのポイント

だんご図をかかせながら、にこやかに「丁寧にかくこと」「定規を使うこと」を語る。「どの子もできるようになる」という励ましを入れる、子どもを勇気づけ、やる気にさせる。

あかい　かみを9まい　かいました。
しろい　かみは、あかい　かみより 4まいおおく　かいました。
しろい　かみは、なんまい ありますか。

あか ○○○○○○○○○

しろ ○○○○○○○○○○○○○

しき　9＋4

こたえ　13まい

情報BOX　木村重夫『続・成功する向山型算数の授業』明治図書、P.60
『PISA型読解力育成スキルシリーズ　ぶんしょうだいスキル』教育技術研究所

42 全部で何人
★挿絵に人をかき足すことで問題の理解を助ける

ライター：五十嵐貴弘

教室での語り

1　挿絵にかき込む

教師が問題を範読したあと、子ども達にも読ませる。「そらさんは、どこにいますか、指を置いてごらんなさい」「そらさんの前に4人います。4人をぐるっと囲んでごらんなさい」

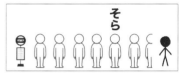

2　人をかき足す

「そらさんのうしろに3人います。あれ!?　3人いません」

子ども達は、「人が切れている！」「続きがあるんだよ」と声を上げる。その発言を拾い上げながら、「絵が切れちゃってるんだね。棒人間君をかき足しておこうね」と伝え、イラストにかき込ませる。この段階で人数を確定させる。「全部で何人いますか。数えてごらんなさい」

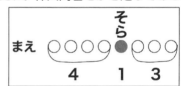

3　だんご図をかく

「だんご図をかきなさい」「そらさんの前に4人います。4と書きなさい」「そらさんを赤で塗りなさい、塗れた人はそらと書いておきなさい。うしろの3人も同じようにかきなさい」

「式を書きなさい」

多くは4＋1＋3となるであろう。中には、4＋3＋1という子も出てくる。どちらも褒める。

語りのポイント

子ども達が意見を出し尽くした後に、満面の笑みで褒めてあげることで、子どもは「意見を言ってよかった」と感じる。発表した子が褒められる学級づくりに「語り」が高い効果を発揮する。

情報BOX　『PISA型読解力育成スキルシリーズ　ぶんしょうだいスキル』教育技術研究所

43 ずらす・回す・裏返す
★色板で「さかな」や「ねこ」を作る

原実践者：木村重夫

教室での語り

色板の動かし方は大きく3通りに分けられる。

①ずらす（平行移動）、②まわす（回転移動）、③裏返す（対称移動）

決められた数の色板で、下の形を作りましょう。

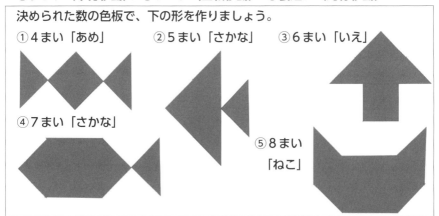

①4まい「あめ」　②5まい「さかな」　③6まい「いえ」

④7まい「さかな」

⑤8まい「ねこ」

　指定された枚数と形になるように操作させる。一人ずつに色板を持たせ、たっぷり操作させたい。「できたら持ってきて先生に見せてくださいね」「できたね。すごいなあ！」と力強く褒めたい。さらに、新しい形を作ってクラスで紹介し合いたい。

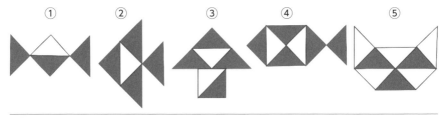

①　②　③　④　⑤

情報BOX 参考：九州算数教材開発研究会「算数実践事例集」
https://www.shinko-keirin.co.jp/keirinkan/tea/sho/site/grade1_2/index.html

数え棒で作ろう
★たのしい形の手本を見せる

原実践者：木村重夫

教室での語り

数え棒で、次の形を作りましょう。

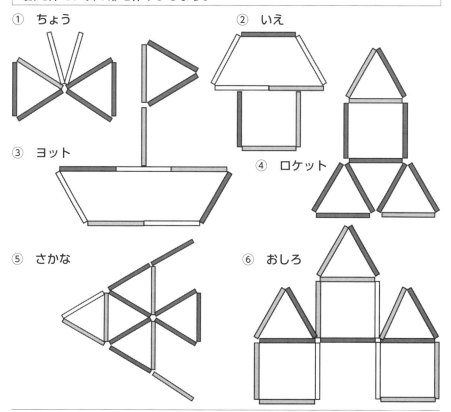

① ちょう

② いえ

③ ヨット

④ ロケット

⑤ さかな

⑥ おしろ

情報BOX

形の構成は、素材の違いによって、次の三つに分類される。
（1）線構成（ひご・数え棒・ひも・モールなどの直線的なものを利用）
（2）面構成（色板や色紙などの平面的なものを利用）
（3）立体構成（積み木・ねん土などの立体的なものを利用）
これらの三つのうち、一般的な指導の順序は（3）→（2）→（1）である。
『算数教育指導用語辞典』教育出版、P.121

45 点と点を線でつなごう

★ミニ定規を使えると、きれいな絵が描ける

原実践者：木村重夫

教室での語り

・と・を線でつないで、いろいろな形を描きましょう。

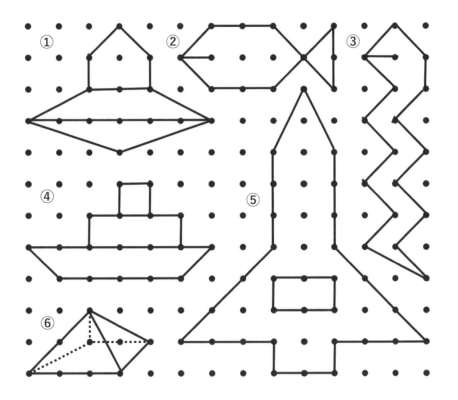

① ② ③ ④ ⑤ ⑥

46 難問に挑戦
★誰もが「できない」場面が盛り上がる

原実践者：木村重夫

教室での語り

・と・をつないでできる「ましかく」はいくつありますか。

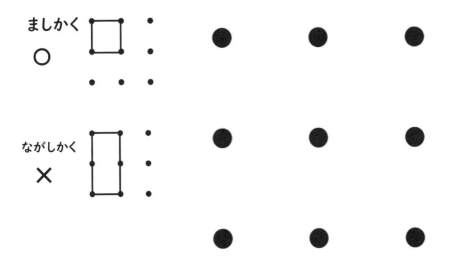

ましかく　〇

ながしかく　×

語りのポイント

答えをノートに書いた子には、「先生のところに持っていらっしゃい」
誤答の場合は、「おしい！」「もう少しです」などと言って正答を教えない。「降参で
すか？」「まいりましたか？」「答えを教えましょうか」などと挑発するとクラスが盛
り上がる。　　<u>正答　6つ</u>　（ななめの1つがなかなか出ない）

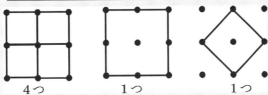

4つ　　　　　　　1つ　　　　　　　1つ

47 順唱・逆唱／2とび・5とび

★授業の最初にテンポよく、楽しく始める

原実践者：木村重夫／ライター：細井俊久

教室での語り

低学年算数授業の最初に行いたい活動が「百玉そろばん」である。

教師用百玉そろばんを教卓の上に置き、教師が「百玉そろばん」と言うと、子どもも「百玉そろばん」と言い返す。そして、テンポよく順唱（数唱）、逆唱を行っていく。

1 順唱・逆唱

子どもから見て右から左に1つずつ音が鳴るくらい力強くはじく、テンポよくはじくのがポイントである。カチッと玉の音が鳴ったら「1，2，」と教師も子どもも一緒に声を出す。

「順唱（順唱）、1，2，3，4（し）、5，6，7，8，9，10」

「逆唱（逆唱）、10，9，8，7，6，5，4，3，2，1，0（れい）」

2 2とび・5とび

「2とび（2とび）2，4，6，…20」 「5とび（5とび）5，10，…60」

3 子ども用二十玉そろばん

子どもが自分で二十玉そろばんを使って行う。「順唱、逆唱、2とび、5とびまで、一人で自分の速さでやりなさい」

玉は、右から左にはじくようにさせる。また、人差し指ではじき、声に出しながらはじくようにさせる。

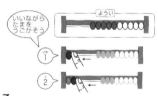

いいながらたまをうごかそう

ようい

①

②

情報
BOX

引用資料：
『これだけは身につけたい百玉そろばんの技　初級・中級編』NPO法人 TOSS 祭りばやし

順唱（数唱）

逆唱

48 5・10の階段、合成・分解
★指で区切りを入れ、視覚でわかりやすく

原実践者：木村重夫／ライター：細井俊久

教室での語り

　子どもが、たして5になる数、たして10になる数の組み合わせを瞬時に言えるようにしたい。5の階段、10の階段からそれぞれ「5の合成・分解」「10の合成・分解」を行う。

■ 5の階段、合成・分解

①5の階段

いち	●← 　●●●●○○○○○
に	●●← 　●●●○○○○○
さん	●●●← 　●●○○○○○
し	●●●●← 　●○○○○○
ご	●●●●●→ 　○○○○○

②5の合成

1と4で5	→● 　●●●●←○○○○○
2と3で5	→●● 　●●●←○○○○○
3と2で5	→●●● 　●●←○○○○○
4と1で5	→●●●● 　●←○○○○○
5と0で5	→●●●●● 　○○○○○

③5の分解

5は1と4	●←→●●●●○○○○○
5は2と3	●●←→●●●○○○○○
5は3と2	●●●←→●●○○○○○
5は4と1	●●●●←→●○○○○○
5は5と0	●●●●●← 　○○○○○

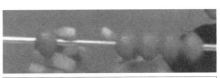

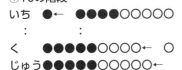

5の分解では、玉の間に指を入れて分けてからはじくと視覚でわかる。

■ 10の階段、合成・分解

①10の階段

いち	●← 　●●●●○○○○○
:	:
く	●●●●●●○○○○← 　○
じゅう	●●●●●●○○○○←

②10の合成

1と9で10	→● 　●●●●○○○○○←
:	:
9と1で10	→●●●●●●○○○○ 　○←
10と0で10	→●●●●●●○○○○ 　←

情報BOX

引用資料：
『これだけは身につけたい百玉そろばんの技　初級・中級編』NPO法人 TOSS 祭りばやし

5の合成・分解　　10の合成・分解

49 たし算（かたまりで動かそう）

★変化のある繰り返しで毎日少しずつ

原実践者：木村重夫／ライター：細井俊久

教室での語り

子どもに二十玉そろばんを渡して、2＋3を計算させると、2を「1，2」と、1つずつ玉をはじいて2を作る子がいる。これを2のかたまりとして「2」と、一気に玉をはじかせたい。

かたまりで動かせない子は、
1つずつ玉をはじく。

1　5までの数をはじく

「先生が言った数をはじきましょう」
「3」「2」ランダムに5までの数を言い、子どもにはじかせる。かたまりではじくことを教え、できた子を確認する。

れい
① 2＋3

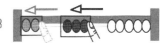

自然に一気に2、3のように、数をかたまりとしてはじけるようにしたい。

2　答えが5までのたし算をそろばんで行う

「2＋1をそろばんで計算します」＊子どもにそろばんで計算させる
「2をかたまりで動かした人がいます。この人は計算が速くなります」「もう一度2＋1を計算します。2をかたまりで入れなさい」
ランダムに答えが5までのたし算を繰り返し行う。

3　10までの数をはじく

「6」「8」など、ランダムに10までの数を言い、子どもにはじかせる。かたまりで動かすことが難しい子には難易度が高い。毎日少しずつ行い、少しずつできるようにしていく。

情報
BOX

引用資料：
『これだけは身につけたい百玉そろばんの技　初級・中級編』
NPO法人 TOSS 祭りばやし

子どものはじき方の理解

50 ひき算（かたまりで動かそう）
★毎日やってできるようにさせる

原実践者：木村重夫／ライター：細井俊久

教室での語り

　子どもが10までの数をかたまりで動かせるようになると、かたまりでひき算の計算ができる。毎日やって、できるようになったことを褒め、やる気を持たせたい。

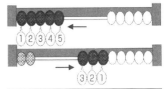

1つずつはじいて、5－3を計算している。

① 答えありひき算

「黒板に書いた計算をそろばんでやりましょう」

①	5－3＝2	②	3－2＝1	③	7－4＝3			
④	4－2＝2	⑤	9－6＝3	⑥	8－4＝4			
⑦	6－5＝1	⑧	9－3＝6	⑨	7－7＝0			

答えも黒板に書かれているから、正しく計算できたか自分でわかる。

② かたまりで動かす

「黒板に書いた数字をかたまりで動かしましょう」

①	2	②	3	③	4	④	5	⑤	6	⑥	7
⑦	8	⑧	9	⑨	10	⑩	7	⑪	4	⑫	6

③ 答えなしひき算

「黒板に書いた計算をそろばんでやりましょう」

①	5－3	②	4－2	③	6－4
④	7－2	⑤	9－5	⑥	8－3
⑦	6－3	⑧	9－7		

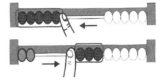

時間差が生じたときは、2回目をやらせて時間調整をする。

情報BOX
引用資料：
『これだけは身につけたい百玉そろばんの技　初級・中級編』
NPO法人TOSS祭りばやし

子どものはじき方の理解

51 3つの数の計算
★声に出して確認しながら操作する

原実践者：木村重夫／ライター：細井俊久

教室での語り

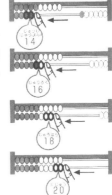

3つの数の計算をする前に、百玉そろばんや二十玉そろばんで玉の数を見て、10以上の数を言えるようにする。言えるようになってから、そろばんを使い3つの数の計算をできるようにする。

① 2とび

「2とび、2，4，6，8，10，12，14，16，18，20」

② 3つの数のたし算

先生の後に続けて言います。「2＋3＋4の計算」
玉を入れながら「2」「たす3」「たす4は」
「**9**」
「もう一度、今度は先生と一緒に言います」
二十玉そろばんで子どもがやる場合は、5回繰り返させる。教師はこの時、個別指導をする。

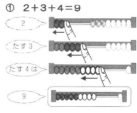

③ 3つの数のひき算

「12－2－4の計算」
玉を戻しながら「12」「ひく2」「ひく4は」
「**6**」

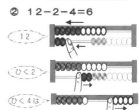

④ 3つの数のたし算とひき算

「14－4＋6の計算」
玉を出し入れしながら「14」「ひく4」「たす6」
「**16**」

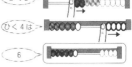

引用資料：
『これだけは身につけたい百玉そろばんの技　初級・中級編』NPO法人TOSS祭りばやし

52 繰り上がりのあるたし算

★二十玉そろばんを使った習熟を！

ライター：桜沢孝夫

教室での語り

8＋5の計算のしかたを考えましょう。

　教科書ではブロックを使っているが，ブロックは1年生では操作が難しい子もいる。また、この繰り上がりのあるたし算のように，操作が複数回になる計算では，操作が難しい子は置いていかれがちになり，操作が得意な子でも、十分に習得、習熟が難しい。右の二十玉そろばんを使うことが最適である。

　以下、操作の手順である。

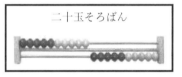
二十玉そろばん

①

> 　**「8＋5の計算」…①**
> 　右の①のように、「8」と「5」を入れて見せ、子ども達にも入れさせる。
> 　**「8はあと2で10」**
> 　**「5を2と3に分ける」…②**
> 　ポイントは②のように，「2」と「2」をそろえることだ。これで入れ替わったことが視覚的にもわかる。
> 　そして、この「2」と「2」をはじく。
> 　**「10と3で13です。」…③**
> 　答えが「13」となる。

②

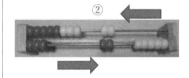
③

　右のQRコードを読み込むと、操作手順の動画が見られるので、参考にしてほしい。

　なお、数回操作を見せただけ、数回操作をやらせただけでは身につかない。何度も繰り返しやらせることで身についていく。

8＋5の操作動画

53 はじめての繰り下がり
★1年生算数の最大の難所はこう乗り越える

ライター：桜沢孝夫

教室での語り

12－7の計算のしかたを考えましょう。

　1年生がはじめて経験する「繰り下がりのあるひき算」である。ここでつまずくと、今後の学習に大きな影響が出る。二十玉そろばんを効果的に用いて、この難所を乗り越えさせたい。以下、減加法での操作の手順である。

> **「12－7の計算」…①**
> 　右の①のように、「12」を入れて見せ、子どもにも入れさせる。「7」は入れない。
> **「2から7は、ひけません」**
> 　ポイントとなる言葉である。この言葉を入れることで、これまでのひき算と、繰り下がりのあるひき算の違いがわかる。
> **「10から7をひいて、3」…②**
> 　「7」をとり、右にはじく。
> **「3と2で5です」…③**
> 　左に残った「3」と「2」を指さし、「5」であることを示し、答えが「5」となる。

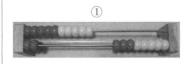
①

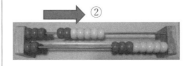
②

③

　右のQRコードを読み込むと、操作手順の動画が見られるので、参考にしてほしい。

　なお、減加法を扱うと、まれに「先生、どうしてひき算なのに、最後にたすんですか」と聞いてくる子が出る。気付いたことをたくさんほめ、「どうしてだろうね。みんなで考えてみよう」と投げかけると、さらに知的な授業になる。

12－7の操作動画

54 20×2＝四十玉そろばん？
★二十玉そろばんを2つ使って、減減法を教える

ライター：桜沢孝夫

教室での語り

13－5の計算のしかたを考えましょう。

「13－5」は減加法で計算した「12－7」と比べて、減数（13－5の「5」）が小さい。そのため、減加法でも計算はできるが、減数が小さいと減減法の方が計算しやすくなる。そのため、ここでは減減法を用いて計算させる。以下、減減法の操作の手順である。

> **「13－5の計算」…①**
>
> 　右の①のように、「13」と「5」を入れる。ここでのポイントは、
>
> 「二十玉そろばんを2つつなげる」
>
> ということである。「百玉そろばん」を用いてもよいが、「四十玉そろばん」の方が操作がしやすいため、おすすめである。
>
> **「3から5は、ひけません」**
>
> 減加法と同じく、ポイントとなる言葉
>
> **「5を3と2に分ける」…②**
>
> 　この「13」の「3」によって、分ける数が「3といくつ」になる。二十玉そろばんを使うことで、視覚的に理解できる。
>
> **「13から3をひいて、10」…③**
>
> 　ここで「10」にすることもポイント。
>
> **「10から2をひいて、8」…④**
>
> **「答え、8です」**

　右のQRコードを読み込むと、操作手順の動画が見られるので、参考にしてほしい。

①

②

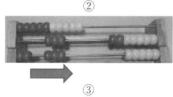

③

④

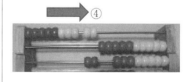

13－5の
操作動画

55 グラフと表のよさは何？
★カードを並べたものとグラフ・表を比較する

ライター：宮森裕太

教室での語り

教師「友だちのことを知るために、昨日の昼休みを過ごした場所と、したことをカードに書いて、黒板にはりました。黒板を見て、気づいたことを言いましょう」

昼休みのすごし方

→「何をした人が多いのかわからない」
　「何が一番人気があるのだろう？」

教師「この問題を解決するために、グラフや表があります。グラフや表にするとどんないいことがありますか？」

→「どれが一番人気があるのかわかる」「それぞれの人数がぱっとわかる」

教師「その通り。グラフや表にすることで、人数の違いがわかって、結果をみんなに伝えやすくなるから、とっても便利なのです。グラフや表を使って、どんなことをしらべてみたいですか？」

→「みんなの好きな給食」「みんなの誕生日」

昼休みにしたことと人数

昼休みにしたことと人数

したこと	ドッジボール	おにごっこ	なわとび	おえかき	読書
人数	5	4	3	2	2

情報BOX　参考文献：『小学校学習指導要領（平成29年告示）解説　算数編』P.129-130
グラフや表で整理することで、一番人気があるもの、次に人気があるものなど様々な情報を読み取ることができる。学んだことをもとに、身の回りの事象についてデータを通じて考察する力の育成を目指す。

56 10のまとまり同士、ばら同士で計算
★同じお部屋同士で計算をイメージ化させる

ライター：宮森裕太

教室での語り

教師「35＋12の計算をします。十の位、一の位は別名『**十のお部屋**』『**一のお部屋**』です。**お部屋にしっかり入るように位を縦にそろえて書きます**」

教師「はじめは一のお部屋から計算します。一のお部屋には5と2があります。同じお部屋同士で計算します。5＋2はいくつですか？」

→7

教師「そうです。次は、十のお部屋を計算します。十のお部屋には、3と1があります。同じ部屋同士で計算します。3＋1は？」

→4

教師「そう。答え47です。このように一のお部屋から順番に同じお部屋同士で計算するのですよ」

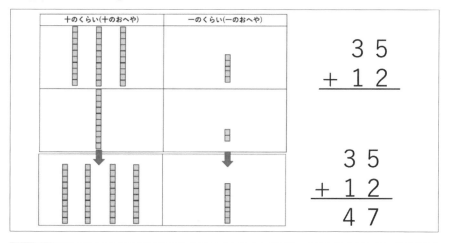

情報BOX

「『十の位』『一の位』をたてにそろえて書く」と教科書に書いてある。そのまま扱ってもよいが子どもがイメージしやすい言葉で教えてあげたいと考えた。そこで、「お部屋」という言葉を使って教えた。そうすることで、ノートに筆算を書くときに「部屋から出ないように書こう」や計算中に「お部屋ごとに計算するんだよね」と意識して書いたり、解いたりしていた。

十の位に1繰り上げる

★繰り上がりの1は十の位の数字の真下に書く

原実践者：向山洋一／ライター：宮森裕太

教室での語り

「35＋29の計算をします。はじめは一の位を計算します。

5＋9＝14。十の位に1繰り上げる。

このときの**繰り上がりの1は、3の上ではなく、十の位の数字の『真下』に横の線に重ねて書きます。**

繰り上がりの1を一番上に書くと、1＋3＝4として、その後、頭の中で4＋2をしなければいけません。

それよりも、**繰り上がりの1を一番下に書く方法は、先に3＋2＝5をしてから、最後に1をたすだけなので計算しやすいのです。**

次は、十の位の計算。

3＋2＝5。5＋1＝6。

答え64です。

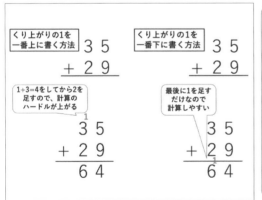

語りのポイント

＊板書しながら、筆算の仕方を教えていく。一の位の5＋9＝14は、『じゅうよん』なので、『1→4』の順に書く。

＊実際に繰り上がりの1を上に書く方法と下に書く方法で計算させて、下に書いた方が計算しやすいことを体感させるとよい。

情報BOX　参考文献：木村重夫『算数の教え方には法則がある』明治図書、P.112
一の位の5＋9＝14を「じゅうよん」と唱えながら、「14」と自然な順序で書かせることが大事である。「14」と書くことで視覚情報を、「じゅうよん」と唱えることで聴覚情報を入れることになる。脳科学からみても合理的である。

58 たし算のきまり
★入れかえても答えは同じ

原実践者：伊藤佳之／ライター：前崎　崇

教室での語り

　イチゴが、パックの中に28こ。そこへ、隣の皿のイチゴ18こを入れます。式はどうなりますか。

　（28＋18です）

　28＋18＝□。28はたされる数、18はたす数、□は答えです。ノートに「しき」と書いてそっくりそのまま写しなさい。

　式の下に、筆算を書きなさい。

　筆算の指導は前ページ参照。

　今度は反対に、皿の上の18このイチゴに、パックの中の28このイチゴをのせます。

　18＋28ですね。

　どちらも46こで同じです。

　18はたされる数、28はたす数、46は答えです。

【板書：筆算】

$$\begin{array}{r} 28 \\ +18 \\ \hline 46 \end{array} \qquad \begin{array}{r} 18 \\ +28 \\ \hline 46 \end{array}$$

　たし算では、たされる数とたす数を入れかえても、答えは同じですね。右側に矢印をつけなさい。

語りのポイント

＊たし算のきまり（交換法則）はどうしても説明したいところ。しかし「作業指示→作業」でまとめていくことで、パッと見て理解させることができる。

＊子ども達から「答えが同じ」が自然と出てこない場合は、「この2つの筆算をじーっと見て、何か気づいた人」と尋ねる。

情報BOX
参考文献：木村重夫『向山型算数授業法事典』明治図書、P.138
参考文献：谷和樹プロデュース『向山型スキル・算数の授業パーツ100選』明治図書

59 10のまとまり同士、ばらばら同士で計算
★筆算は指で隠して見やすく

原実践者：寺田真紀子／ライター：前崎　崇

教室での語り

1 「お金問題」はイメージしやすい

問：りんさんは、35円持っています。12円の画用紙を買います。残りは何円ですか。

「35円持っています」（お金カードを提示）

「12円の画用紙を買いました」

実際にそこから12円を取ってみると残りが目に見えて具体的にわかる。

「答えは23円」「でも、いつもこのお金カードは使えません。筆算でも計算できるようになりましょう」

2 筆算は指で隠して見やすくする。

「たし算のときと同じで、ひき算は一の位から計算します。先生と同じように指で隠しましょう」

> ### 語りのポイント
> 唱え方　35－12は、
> 　　　　一の位。5－2は3。
> 　　　　十の位。3－1は2。
> 　　　　答え、23です。

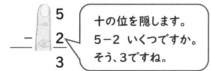

十の位を隠します。
5－2 いくつですか。
そう、3ですね。

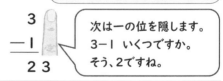

次は一の位を隠します。
3－1 いくつですか。
そう、2ですね。

情報BOX　出典：向山洋一 監修『「算数」授業の新法則～2年生編』学芸みらい社、P.42

60 十の位から1繰り下げる
★全員ができる「ひき算ブリッジ」

原実践者：寺田真紀子／ライター：前崎　崇

教室での語り

問：はるさんは54円持っています。28円の色紙を買います。残りは何円ですか。

10円玉の「5を4にして、10もらう」

いつもお金カードを使えるわけではないので、54−28の筆算を書く。

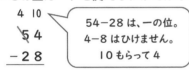

54−28は、一の位。
4−8はひけません。
10もらって4

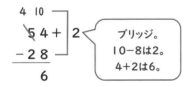

ブリッジ。
10−8は2。
4+2は6。

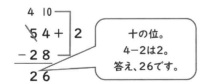

十の位。
4−2は2。
答え、26です。

語りのポイント

①追い読み
②「4から8はひけません」のところで、手を顔の前で振る。子ども達は喜ぶ。
③列ごとに読む、一人で読む等たくさん読ませる。
④そして、ノートに書く。
⑤「小さい声でブツブツ言いながら計算してもいいんだよ」と言って唱えさせながら計算させる。

情報BOX 参考文献：向山洋一 監修 『「算数」授業の新法則～2年生編』学芸みらい社、P.44-45

61 ひき算のきまり
★答え＋ひく数＝ひかれる数

原実践者：伊藤佳之／ライター：前崎　崇

教室での語り

①　教室に36人いました。外へ17人出ました。教室に残っているのは何人です

か。式がわかる人？

（36－17です）

36－17＝□。36はひかれる数。17はひく数。

□は答えです。

筆算を書きなさい。

最初に計算するのは○ですか、△ですか。

○だと思う人、△だと思う人。

△ですね。（以下省略、P.71参照）

筆算の下に答えを書きなさい。

（答え、19人です）

②　外へ17人出ました。教室に19人います。

全部で何人ですか。

式はどうなりますか。

（19＋17です）

19＋17＝□。①では、19は答え、17はひ

く数、□はひかれる数です。

筆算を書きなさい。

（答え、36人です）

③　（あれ、36と19が入れ替わっている）

正しい答えにひく数をたすとひかれる数になるね。

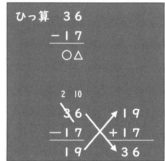

語りのポイント

＊たし算とひき算の関係をどうし
ても説明したいところ。しか
し、それを、作業指示とノート
に並列してまとめることで、説
明なしでパッと見て理解させる
ことができる。

＊子ども達から自然と出てこな
い場合は、「この2つの筆算を
じーっと見て、何か気づいた
人」とたずねる。

情報 BOX　参考文献：木村重夫『向山型算数授業法事典』明治図書、P.150-151

62 センチメートル
★ぴったりの長さの語り

原実践者：柏木英樹／ライター：徳本孝士

教室での語り

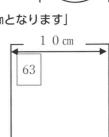

2 ㎝

1 円玉

〈1円玉を見せて〉

「この1円玉の幅は何㎝でしょうか」

右のように黒板に1円玉を描く。

「1円玉の幅はぴったり2㎝です。

ですから、2枚横に並べると4㎝、3枚横に並べると6㎝となります」

〈葉書を見せて〉

「葉書の横は、何㎝でしょうか」

「ぴったり10㎝です」

1 0 ㎝

63

〈1000円札を見せて〉

「1000円札の横は、何㎝でしょうか」

「15㎝です」

〈10000円札を見せて〉

「10000円札の横は、何㎝でしょうか」

「16㎝です」

　「もし、何かの長さをはかりたいときに、皆さんの身の回りに『ものさし』がなくて困っても、自分のポケットの中に、1円玉、葉書、1000円札、10000円札があると、これらを使って、およその長さがはかれます」

語りのポイント

ものを用意することである。

そして、すぐに見せないで、焦らしながら見せることである。

黒板にも簡単な絵を描くが、ものを用意することで、盛り上がる。

特に10000円札を見せた時は、それだけで盛り上がる。

情報 BOX

向山洋一・木村重夫編『向山型で算数授業の腕を上げるシリーズ⑦　向山型で使える算数エピソード』明治図書、P.41

63 単位のはじまり
★cmとmmを学習した後に

原実践者：板倉弘幸／ライター：徳本孝士

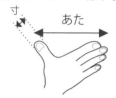

教室での語り

「何かものを測るときには、もとになる長さが必要です。もの差しなどの道具がなかった大昔の時代に、人間が使ったのは、自分の体や生活に使う身近なものでした」

「親指の幅を『寸（すん）。約3cm』。

アジアでは親指から中指までを「あた」。にぎりこぶしからひじの先までを「尺（しゃく）。約30cm」。

ヨーロッパでは、親指から小指で「スパン」。

エジプトでは、中指からひじの先までを「キュービット」。

両手を広げた幅は『尋（ひろ）。約180cm』」

「他にも、ヨーロッパの小さな単位、『インチ』は、大麦3粒の長さだったという説もあります。

また、中国では、『きび』や『あわ』が使われました」

「実際に、机の縦を、『尺』で測ってみよう」

「さらに広い国、ロシアでは、『1ブーク』。トナカイの角の枝の分かれ目が見分けられる距離。

『1パイプ』は、パイプから煙が出る間に、一定の速さで船が進む距離だといわれています」

語りのポイント

黒板に絵を描いて、楽しそうに語っていく。

実際に、机の縦や横を、測る活動をしてみることで、より記憶に残りやすくなる。

情報BOX

向山洋一・木村重夫編『向山型で算数授業の腕を上げるシリーズ⑦　向山型で使える算数エピソード』明治図書、P.37

64 7㎝の直線の引き方
★チョン、チョン、ひっくり返して引く

ライター：徳本孝士

教室での語り

「7㎝の直線を引きます」

①ノートにチョン。

・

②長さを測って、チョン。

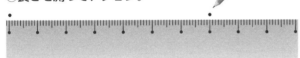

③（もの差しを）ひっくり返す。

④線を引く。

語りのポイント

「もの差しをひっくり返すのは、目盛りが書いてある面を汚さないようにするためですよ」と一言付け加えるだけで、子ども達は、もの差しをひっくり返して、線を引くようになる。

情報BOX

指先が不器用で、線が曲がってしまう子どもには、教師が後ろから手を添えて一緒に線を引くことで、線を引くことを体感できる。

65 長さの計算の基本型
★長さの計算は「指で隠す」と「筆算」

ライター：徳本孝士

教室での語り

①センチメートルの計算

教科書には、次のような計算が載っている。

4 cm 5 mm＋3 cm

「同じ単位同士で計算をします。5 mmを指で隠してごらん」

「何cm＋何cmですか」（4 cm＋3 cmです）

「7 cmと答えに書きます。指を離して、5 mmを書きます」

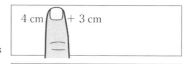

4 cm　 ＋ 3 cm

4 cm 5 mm＋3 cm＝7 cm 5 mm

$$4 \text{ cm } 5 \text{ mm}$$
$$+ \ 3 \text{ cm}$$
$$\overline{7 \text{ cm } 5 \text{ mm}}$$

②センチメートルの筆算

「筆算でもできます。

4 cm 5 mm＋3 cm

単位をそろえて、書きます」

筆算は、単位をそろえて書くことがポイントである。

「同じように書けたら、先生のところにノートをもってきます」

子どものノートを見て、確認する。

教室には、単位をそろえて書くことが苦手な子どももいるので、赤鉛筆で薄く書いてなぞらせる。

語りのポイント

センチメートルの計算は、筆算を学習する前に出てくる。子どもの実態に応じて、指で隠す方法のみを扱い、教科書の後半に出てくるメートルの計算の時に、筆算を教えると、子どもは混乱しない。

情報BOX

「長さ」の計算は、cmの計算は「○cm△mm＋□cm」のように、教科書の前半は、指で隠す方式で対応できる。

「長さ」の後半は、「○m△cm―□m×cm」のような計算が出てくるので、指で隠す場合は、両手の指で隠す。教科書後半の計算は、筆算で解いた方が簡単である。

数のあらわし方としくみ
★1つの基本型で様々なタイプの問題を攻略する

ライター：中田昭大

教室での語り

■の基本型だけで、「数のあらわし方としくみ」の問題を攻略できる。

1つの基本型で様々なタイプの問題が解けるので「魔法の一十百」と名づけた。

【問題1】 358の百の位の数字は何ですか。

　「魔法をかけなさい」（一十百をノートに書く）

　「上に358と書きなさい」

　「百の位は何ですか」（子ども：3）

【問題2】 358を読みましょう。

　「魔法をかけなさい」

　「上に358と書きなさい」

　「たてに読みなさい」

　「漢字で書きなさい」（三百五十八）

■
358
百十一

> **語りのポイント**
>
> ＊「魔法をかけなさい」を明るく
> 楽しそうに言う。

【問題3】 100を3こと、10を5こと、1を8こあわせた数は何ですか。

　「魔法をかけなさい」

　「百の上に何を書きますか」（3）

　「他の位もやってごらんなさい」（答え：358）

【問題4】 350は10を何こあつめた数ですか。

　「魔法をかけなさい」

　「上に350と書きなさい」

　「百の位、一の位、0を指で隠します。10は
何こですか」（35こ）

 情報 BOX　問題が変わるごとに基本型も変わってしまえば、算数が苦手な子はどの基本型を使えばいいのか迷い、負担に感じてしまう。学習内容を貫く基本型をつくることがつまずきやまちがいを減らすことにつながる。
中田昭大『向山型算数教え方教室』明治図書、2011年7月号、P.25

67 お金で考えるとわかりやすい
★何十、何百の計算はお金をもとに考える

ライター：中田昭大

教室での語り

1 「50＋70の計算をお金で考えます」

「50円は10円玉が5まい分です」→教師が10円玉を貼る

「70円は10円玉が何まいですか」

（子ども：7まい）→教師が貼る

「10円玉は合わせて何まいですか」

（12まい）→教師が貼る

「10円玉が12まいでいくらですか」（120円）

■ $50+70=120$

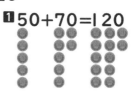

2 「今の考え方をノートに書きます」

「50円は10円玉が何まいですか」

（5まい）（50の下に「5まい」と書く）

「70円は10円玉が何まいですか」（7まい）（70の下に「7まい」と書く）

「10円玉は合わせて何まいですか」（12まい）（＋、＝、12まい、と書く）

「10円玉が12まいでいくらですか」（120円）（120、と書く）

「30＋80を、同じようにノートにやってみましょう」

2 $50+70=120$
$5_{まい}+7_{まい}=12_{まい}$

3 300＋200も何十の計算と同様に進める。

3 $300+200=500$　$300+200=500$
$3_{まい}+2_{まい}=5_{まい}$

語りのポイント

＊お金をもとに考えたことを式に反映させることで何十、何百の和法の原理がわかる。

情報 BOX お金を使った指導は他の単元でも効果的である。「向山型算数に挑戦42」の論文審査では10倍をイメージさせるために向山洋一氏が実物のお金を用意し、授業したことが書かれている。
『向山型算数教え方教室』明治図書、2003年5月号、P.52-53

68 数の直線の問題
★数の直線はテンポよくスモールステップで指導する

原実践者：木村重夫／ライター：中田昭大

教室での語り

1黒板に線を引き、縦線で10等分する。

「**0から10までの直線があります**」

「**真ん中はいくつですか**」（子ども：5）

「**この時、1目盛りはいくつですか**」（1）

「**同じだった人。正解！**」

2先ほどの数直線の10の目盛りに0を加え100にして問う。

「**真ん中はいくつですか**」（50）

「**この時、1目盛りはいくつですか**」（10）

「**今度は難しいぞ。0と10の真ん中を、この
ようにちっちゃく区切ります。チョン。他も同
じようにチョンチョンチョン**」

「**ちっちゃな1目盛り、ここはいくつだ**」（5）

「**すごい！**」

3100の目盛りに0を加え1000にして、500、
100、50を問う。

「**0と100の間をもっとちっちゃく、区切るぞ。チョンチョンチョン…**」

「**超ちっちゃな1目盛りはいくつだ**」（10）

「**天才！**」

その後、教科書の数の線の問題に突入する。

語りのポイント

＊明るくテンポよく、力強くほめ
ながら授業を進める。

**情報
BOX**

原実践：木村重夫『向山型算数教え方教室』明治図書、2003年5月号、P.22
本稿は、木村重夫氏の「はかりの目盛りの読ませ方」を修正追試したものである。木村氏の
論文に授業開始3分間で、全員を引き込んだ授業の様子が書かれている。ぜひ、一読された
い。

<2年　3けたの 数>

数の大小を＞＜を使って表そう

★数の大小を表す不等号の向きを正しく楽しく教える

ライター：中田昭大

教室での語り

数の大小を不等号で表すことは、2年生にとって難しい。

まず、パックマンを使って、不等号のイメージをもたせる。

1「**パックマンです。大きい数が大好きで、食べてしまいます**」

「**8と5。どちらが大きいですか**」（子ども：8）

「**パックマンは8の方を向きました**」

「**4と7。どちらが大きいですか**」（7）

「**パックマンは7の方を向きました**」

「**パックマンをかくのは大変です**」

「**だから、こんなしるしを作りました。**

不等号といいます。言ってごらん」

次に、不等号を体で表す。体を動かすことが大好きな低学年は喜んでやるだろう。

2「**先生が黒板に数を書きます。数の大きい方に"パックン"と言って手を開くんだよ。せーの、パックン！**」

語りのポイント

＊難しい学習内容だからこそ、明るく、楽しく授業する。

情報BOX　「不等号（＞＜）」は「等号（＝）」に比べ難しい感じがするが、外国では先に不等号を教えることが多い。「多い」「少ない」が一般的であり、「等しい」は特別なのである。**木村重夫『算数の教え方には法則がある』明治図書**

70 1デシリットル
★世界共通の入れ物「デシリットルます」

原実践者：木村重夫／ライター：田中泰慈

教室での語り

1 まずは、教師が楽しそうに間違える

男の子と女の子の水筒に入る水のかさを比べましょう。

女の子の水筒は、大きいカップではかったら、5杯分になりました。

男の子の水筒は、小さいカップではかったら、これも、5杯分になりました。

それじゃあ、男の子と女の子の水筒に入る水のかさは同じなんだ！

先生の考えはおかしいと思う人？　説明できる人？

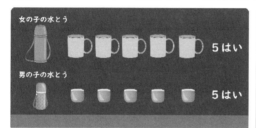

語りのポイント

語るときに、教師が楽しそうに間違える。
何が間違いであるのか子どもに説明させることで、同じ入れ物で水のかさを比べないといけないことに気づかせる。

2 水のかさを比べるときの世界共通の入れ物「デシリットルます」を紹介する

カップの大きさが違っていたら、比べられませんね。

そこで、世界中、どこの国に行っても同じ入れ物でかさをはかることに決めました。世界中、同じ入れ物とは、この入れ物です。

ポケットから「1デシリットルます」を取り出す。

情報
BOX
木村重夫氏実践修正追試『水のかさ　P.32-34　デシリットルの体感』TOSSLAND（https://land.toss-online.com/lesson/aaj5ihkm6ckhy7us）
問題場面の「おふろのせんざい」「ガラスビン」を「水筒」へ田中が修正

71 1リットル
★1リットルは1デシリットル10個分の体験

ライター：田中泰慈

教室での語り

1　1リットルは1デシリットル10個分になることを体験させる

　1リットルますに、1デシリットルますで水を入れましょう。

　何杯入るでしょうか。（しばらく時間を取って作業させる）

　上手に入れると、10杯分入ります。

　1リットルは、1デシリットル何個分ですか？

　「10個分です」（子どもの反応）

　1リットルは、1デシリットル10個分です。

　みんなで言ってごらん。1リットルは、何デ
シリットルですか。

　「10dlです」（子どもの反応）

　1L＝10dLとノートに書きなさい。

2　様々なところに使われている単位「L」

　家の中で、「L」見たことありますか。

　どこで見たことありますか。（数名指名して発表させる）

　先生は冷蔵庫の中で、よく「L」を見つけます。

　例えば、牛乳のパック、ペットボトルのお茶。（実物を見せながら語る）

　さらに、洗濯機のところでも、よく「L」を見つけます。

　みんな、家に帰ったらたくさん見つけてごらん。

　水や牛乳やお茶の入れ物以外にも、こんなところにも使われています。

　これです。（ゴミ袋を見せる）何リットルと書いてありますか。（45L）

　これにも使われています。（リュックサックを見せる）

> **語りのポイント**
>
> 1リットルは、1デシリットル10個分であることを変化をつけながら繰り返し問う。1L＝10dLであることをおさえる。

情報BOX　参考：日本数学教育学会研究部『算数好きな子に育つたのしいお話365』誠文堂新光社、p.329
リュックサックやトランクを準備できない場合は写真で見せてもよい。

72 1ミリリットル
★mLの量感を変化のある繰り返しで教える

原実践者：木村重夫／ライター：田中泰慈

教室での語り

1　実際に、1mLの水を見せる（5mLのピペットで1目盛りの水を見せる）

これが1mLです！　○○ちゃんの涙くらい。

2　変化のある繰り返しで、mLの量感をつかませる

1dLますの1目盛りまで水を入れてごらんなさい。

それは、何mLですか。（10mLです）

「1目盛りは10mLです。はい」（子ども復唱）

1dLますの2目盛りは？（20mL）＊**10目盛りまで続けて問う**

1dL全部10目盛りは？（100mLです）「1dLは100mLです」（子ども復唱）

これ2杯。2dLは何mLですか。（200mL）＊**10dLまで続けて問う**

これ10杯。10dLは何mLですか。（1000mLです）

「10dLは1000mLです」（子ども復唱）

10dLは何Lですか。（1Lです）

1Lは何mLですか。（1000mL）「1Lは1000mLです」（子ども復唱）

3　単位換算を親しみやすいフレーズとキャラクターで教える

1リットル親分の下には、10人の弟子（dL）。10人の弟子の下には、1000人のミニ（ミリ：mL）オン。

1人の弟子（1dL）の下には、100人のミニ（ミリ：mL）オン。こうやって覚えるとわかりやすいですね。

> ### 語りのポイント
>
> 1mLがどのくらいか実際に見せた後、変化のある繰り返しで子どもに作業させながらmLの量感をつかませる。

情報BOX

1と**2**は、木村重夫氏実践追試『水のかさ　P.37ミリリットルの導入』TOSSLAND（https://land.toss-online.com/lesson/aavyizvuarl5mj3y）

5mLのピペットの他にも、安価で市販されている10mLの計量カップや市販のプラスチックスポイトを代用できる。

3の「ミニオン」はユニバーサルスタジオジャパンの映画に出てくるキャラクターのこと。

73 かさの計算の基本型

★式・計算・答えの3点セットで必ず計算する

ライター：田中泰慈

教室での語り

① 式・計算・答えの3点セットで書かせる

> ①水がせんめんきに2L 4dL、花びんに1L 8dL入っています。

合わせて、何L何dLになるでしょうか。

式をノートに書きます。〇〇さん（個別指名する）。

「2L 4dL＋1L 8dLです」

計算します。LとdL横に並べて書きます。

LとdLの下に、せんめんきの2Lの2、4dLの4を書きます。

花びんの1L 8dLも、その下に同じように書きます。

これは、何＋何の筆算ですか。「24＋18です」

その通り！　たし算、難しいですか。簡単だね。計算してごらん。

筆算の答えは、いくつですか。「42です」

これは、何L何dLになりますか。「4L 2dLです」

同じようになった人？　素晴らしい！

式・計算・答えの3点セットで3L 6dL＋1L 8dLもやりなさい。

② ひき算も同じ基本型で計算する

せんめんきと花びんに入る水のかさの違いを求めます。

※たし算のときと同じように授業を展開する。

語りのポイント

式・計算・答えの3点セットがノートにきちんと書けているか確認し、一人ひとりのノートに〇をつける。これを、折に触れて繰り返していくと3点セットが子どもに定着しやすい。

情報BOX　向山型算数わくわく講座IN山形DVD（TOSS山形）「式・計算・答え」の3点セットのシステムを子どもたちが身に付けた後、算数テストクラス平均が90点を超える。
参考：『向山型算数の基本キーワード指導事典』TOSSmedia
問題は『みんなと学ぶ小学校算数2年上』学校図書、P.96より引用。

74 「時刻」と「時間」の違い
★身近な例を示しながら「時刻」と「時間」の違いを理解させる

原実践者：小室由希江／ライター：中田昭大

教室での語り

１　時刻を言わせる

「今、何時？」（子ども：8時30分）

「給食が始まる時刻は？」（12時5分）

「給食が終わる時刻は？」（12時45分）

「8時30分とか、12時45分というのを時刻といいます」

「言ってみよう」（時刻）

> **語りのポイント**
>
> ＊難しい内容だからこそ、説明にならないようにテンポよく発問し、指示を出す。

２　時間を言わせる

「そうじの始まる時刻は？」（1時45分）

「そうじの終わりの時刻は？」（2時）

右の図を提示して、次のように問う。

「長い針がどれだけ動きましたか」（15分）

時計の模型で確認し、右の図の□に15と書き入れる。

「この15分を時間といいます。言ってごらん」（時間）

「1時間目の授業の時間は何分ですか」（45分）

「中休みの時間は何分ですか」（20分）

この後、教科書の問題を解く。

その際に、右の時計の図のように長い針が進んだ分を赤鉛筆で塗ると時間を意識しやすくなる。

情報BOX　原実践：『TOSS LAND』「時刻と時間」小室由希江
小室氏のサイトには次のような発展問題も載っている。
「○○に入るのは時間ですか？　時刻ですか？」＜ただいまの○○は午前9時30分です。＞
＜給食の○○は、あと5分だよ。＞＜急げ！　掃除の○○だよ。＞

75 「午前」「正午」「午後」
★時間の線分図を使った指導が効果的である

ライター：中田昭大

教室での語り

「午前」「正午」「午後」を時間の線分図を使い、視覚的に理解させたい。

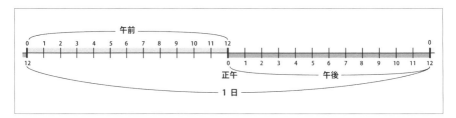

「1日は何時間ですか」（子ども：24時間）

「時間の線分図で確かめてみましょう。24時間ですね」

「午前は何時間ですか」（12時間）「これも線分図で確かめてごらん」

「午後は何時間ですか」（12時間）「線分図で確認」

「午前と午後を合わせると24時間になります」

「朝起きる時刻は○○6時。丸には午前、午後どちらが入りますか」（午前）

「その通り！」

「午前7時に指を置きなさい。正午の前だから午前と表します」

「学校から家に帰る時刻は○○3時。丸には午前、午後どちらが入りますか」（午後）

「そうだなあ」

「午後3時に指を置きなさい。正午の後だから午後と表します」

語りのポイント

＊説明ではなく、発問と線分図での作業でテンポよく授業を進める。

 情報BOX　参考文献：『算数教育指導用語辞典　第四版』教育出版、P.163-164
午前（午前0時〜正午）の12時間。午後（正午〜午後12時）の12時間。正午は午前12時、または午後0時でもあることを付言しておくとよい。

76 たし算に（　）を使うと便利
★「ぴったり」を見付けよう

ライター：小島庸平

教室での語り

1 ボールを12個持っています。　＊枠内は板書

2 お兄さんから7個もらいました。

3 お姉さんから3個もらいました。

ボールは全部で何個になりますか。

どんなお話ですか。

4 式はどうなりますか。ノートに書きなさい。

（子ども：12＋7＋3です）

「ぴったり」になる計算を見付けることで、計算することが簡単になります。

12と7と3では、どれとどれから計算すると「ぴったり」の数になりますか。

（7＋3です）

その通り！7＋3をすると10になりますね。12＋10はいくつですか。

（22です）

さらに、13＋8＋2の問題を出し、手順を確認しながらやらせる。

このように、3つ以上の数を足し算するときは、「ぴったり」な数を見付けると簡単に計算できます。

5 足し算では足す順番を変えても答えは同じです。「ぴったり」の数を見付けたら（　）を付けます。先に計算をする印です。（　）を付けると便利ですね。

> 2 | ボールを12こもっています。
> お兄さんから7こもらいました。

> 3 | ボールを12こもっています。
> お兄さんから7こもらいました。
> お姉さんから3こもらいました。

> 4 | ボールを12こもっています。
> お兄さんから7こもらいました。
> お姉さんから3こもらいました。
> しき　12＋7＋3

> 5 | ボールを12こもっています。
> お兄さんから7こもらいました。
> お姉さんから3こもらいました。
> しき　12＋（7＋3）

語りのポイント

語りながら問題を書くことで空白が生まれない。教科書よりも簡単な問題を設定することで、より原則に注目させることができる。

情報 BOX 中・高学年の単元にも「計算の仕方の工夫」が登場する。その時のためにも、（　）を使った計算の工夫の仕方は身に付けさせたい。

繰り上がり1回の筆算
★アルゴリズムを変化のある繰り返しで楽しく！

ライター：並木友寛

教室での語り

■ 計算のアルゴリズム

筆算をさせるときには、次のように趣意説明する。

「正しく計算できるためのおまじないです」

①83＋46の計算は、位を縦に揃えて書く。

②一の位、3＋6＝9

③十の位、8＋4＝12

④答え、129です。

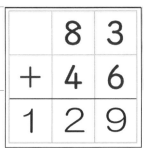

「一人で言えるようになったら合格です」

■ 教師と一緒に唱える

「まずは、先生の後について言います」

言えている子がたくさんいれば、「スピードアップするよ」と少し早口で言わせてみる。

■ 言いながら筆算を書かせる

「今の①〜④を言いながら自分で筆算を書いてごらんなさい」「書けたらノートを見せに来ます」

■ つまずく子が多そうなときの支援ワザ

「まず、何の位から計算しますか？」

「一の位だね」

「だから、十の位は手で隠します」

「何＋何が見えますか？」（3＋6です）

語りのポイント

■〜■上図の筆算は教師が黒板に書いておく。それを教師が指さしながら子どもと一緒に唱えたり、子どもだけで言わせたりすると苦手な子も言いやすい。

■計算手順が言えていない子が半数ほどいる場合や個別支援で有効。

情報BOX この計算よりももっと簡単な計算（18＋14）の筆算をわかりやすく紹介している動画がある。川原雅樹「はじめての足し算のひっ算②」（2けた＋2けた：くりあがりあり）TOSSランド

78 繰り上がり2回の筆算
★76＋58の筆算

ライター：並木友寛

$$
\begin{array}{r}
7\ 6 \\
+\ 5\ 8 \\
\hline
1\ 3\ 4
\end{array}
$$

教室での語り

1 繰り上がりが2回のアルゴリズム

「この前の計算とどこが違うかよく見ていてね」

下記のアルゴリズム①～④を唱えながら、右図の筆算を教師が黒板に書く。

①76＋58の計算は、位を縦に揃えて書く。

②一の位、6＋8＝14

③十の位、7＋5＋1＝13

④答え、134です。

「どこが違いますか」（繰り上がりが2回ある！）（繰り上がりの1がある！）これを子どもに見つけさせる。

繰り上がりが1回のときと同様に、変化のある繰り返しで楽しく覚えさせる。

2 繰り上がりの1を5の下に書くときの趣意説明

「1を7の上に書くと、足し忘れてしまう人がいます。5の下に書いておけば足し忘れがなくなります」

3 自分（自力）でやらせる

「今、先生がやったやり方でノートに筆算を書きます。できたらノートを見せに来ます」チェックポイントは以下の2つ。

①「繰り上がりの1」が5の下に書けているか。

②位が縦に揃えて書かれているか。

語りのポイント

1「14」と言いながら、くり上がりの1を書き、一の位に4と書く。順序正しく書かせるため。

3 自分でやらせるときは、つまずきそうな子の側に行き、赤鉛筆で薄く書いてやる等の支援を短くする。

情報BOX くり上がりの1を上に書く→1＋7＝8を頭に浮かべておいて、その後に5をたすことになる。これよりもすでに書いてある7＋5＝12をしておいてその後に1をたす方がやりやすい。教師ではなく医師が主張している。『**新・向山洋一実物資料集　第6巻「算数を大好きにさせた授業システムと教材開発」**』P.22

79 繰り下がり1回の筆算

★楽しく唱える「ブリッジ」で全員習得！

原実践者：河田孝文／ライター：並木友寛

教室での語り

■　ステップ1「指で隠させる」

「何の位から計算しますか？」（一の位）

「一の位以外を指で隠します」教師が黒板でやって見せた後に、子どもにもやらせる。

「一の位、何引く何ですか？」（9－3）

「答えを書いてごらんなさい」「6と書けた人？」「よし！」

■　ステップ2「斜線を引かせて、0と書かせる」

「次に、計算するのはどこですか？」

（十の位です）

「2から5、引けますか？」

（引けません）

「こういうときは、お隣さんから借りてきます」「10借りて、0」

（斜線を引き、0と書く）＊右下図

■　ステップ3「ブリッジ」

「借りた10は、2の上に書く）＊右下図

「ブリッジ！」（10と5を線で結ぶ）

「10－5＝5」（5を書き込み、5を丸で囲む）

「5＋2＝7」

「答え、76です」

以上のステップ■～■を、1回1回言いながら書かせる。

> ### 語りのポイント
>
> ■一の位に6と全員が書けているかどうか教師が確認する。
> ■「2から5は引けない」と手を横に2〜3回振って、引けないことを強調する。
> ■「ブリッジ」の「ブ」を強調して言うと教室が明るく楽しくなる。

 情報BOX　・河田孝文氏がセミナーで実演している動画が紹介されている。TOSS動画ライブラリー

80 繰り下がり2回の筆算
★エアーブリッジで筆算をエラーレスにする！

原実践者：河田孝文／ライター：並木友寛

教室での語り

1　一の位が引けないことを確認する

「まず、何の位から計算しますか？」

（一の位です）

「一の位、6から9は引けないね」

「引けないときは、どうすればよかった？」

（お隣さんから借りる）

2　十の位から10借りる

「10借りて3」

4に斜線を引き、上に3と書く。

「ブリッジ！」「10−9＝1」

「6＋1＝7」

3　十の位も引けない！　エアーブリッジ！

「十の位、3から8は引けない」

「10借りて、0」

「エアーブリッジ！」（10と8を結ぶようにして線を空中で書く）

「10−8＝2」「3＋2＝5」

「答え、57です」

1〜**3**で教えたことはその都度、書かせて作業させていく。

4　子どもだけで言わせて、書かせる

「今、先生と一緒にやったことをノートに自分でやってみます。できたら見せに来ます」

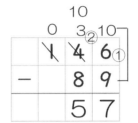

語りのポイント

1必要があれば「教科書のどこに書くのですか？　指で押さえてごらん」と確認する。

2「6から9は引けない」を横に手を振りながら（ムリムリという感じで）言わせる。

4つまずきそうな子の側へ行き、個別支援する。

情報BOX　すぐに13−6などの答えが出てくるように、これらを徹底的に練習する。『新・向山洋一実物資料集　第6巻「算数を大好きにさせた授業システムと教材開発」』P.25

繰り下がり2回の筆算
★十の位がないことを強調する教師の驚き！

ライター：並木友寛

教室での語り

❶　十の位から借りられないときの指導

「一の位、2から5は引けない」

「十の位、あっ！　ない！」

教師は驚いたように、十の位を指さしながら言う。

❷　百の位と合わせて、10と見る

「10見っけ！」

百の位と十の位を合わせて10と見る。10を丸で囲ませる。（右上図）

「10から1借りて9」

❸　同じように計算する（ブリッジ！）

「10−5＝5」「2＋5＝7」

「十の位、9−6＝3」

「答え、37です」

❹　自分（自力）でやらせる

「今、先生とやったように、ノートに自分でやってごらんなさい」

「できたらノートを見せに来ます」

❺　教科書のやり方と違うことに対する趣意説明

「教科書のやり方とはちょっと違います。でも、先生はこちらの方がシンプルでみんなにわかりやすいなと思ったので、今回はこの方法でやってもらいます」

語りのポイント

❶なんと言っても「驚く」ことだ。教師が本気で驚いて見せると子どもも楽しんで、でも注意深く見つけようとする。

❷「10見っけ！」も強調して言わせる。そのために教師も楽しそうに言う。

情報BOX　この方法は、書き込む量が少なくシンプルなため、2年生にとってわかりやすい。しかし、実態によっては、右図のような方法がわかる子もいるので、使い分けるのがよい。

92

82 三角形、四角形とはどんな形
★「1，2，3，ピタ」で「かこまれた」を体感

ライター：末廣真弓

教室での語り

　まず、三角形、四角形が混在した図を、2つの仲間（⑥三角形、⑥四角形）に分けさせる。次に黒板に書いた⑥（三角形）の頂点に指を置き、「『1，2，3，ピタ』と言いながら指でなぞりなさい」と指示する。「最後がピタッとなっているとき、『かこまれた』と言います」「⑥の仲間も同じように、『1，2，3，ピタ』と言いながら、なぞりなさい」いくつか言いながらなぞらせ、三角形の定義を言葉で押さえる。「3本の直線でかこまれた形を三角形といいます」

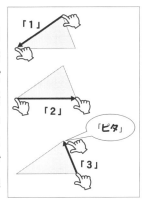

　定義は読むだけでは身につかない。「三角形とは何ですか」「3本の直線でかこまれた形を何といいますか」と定義を往復で聞くのが定石だ。

　今度は、四角形の直線をなぞらせる。

　「今度は、⑥（四角形）の直線をなぞりなさい」「すごい。『1，2，3，4，ピタ』と言っている人がいた」同じように「ピタ」を使って言いながらなぞった子を取り上げ、すごいとほめる。子ども達に発見させるのだ。「⑥（四角形）の仲間も同じように、言いながら、なぞりなさい」このあと、三角形と同じように定義を扱う。

語りのポイント

いろいろな三角形を「1，2，3，ピタ」と言いながらなぞらせることで、「三角形が3本の直線でかこまれた形」であるイメージを体感させる。また、四角形は教えず子ども達になぞらせ「1，2，3，4，ピタ」を発見させる。

情報BOX
「『1，2，3，ピタ』と言いながらなぞります」「最後がピタッとなっているとき、『かこむ』と言います」『向山型算数教え方教室』2005年3月号P.53論文審査64で向山洋一氏が取り上げた末廣論文
「『定義は往復で聞く』これが向山型算数の定石である」向山洋一『教え方のプロ・向山全集92』明治図書、P.160

83 三角形や四角形を見つけよう
★教師がわざと間違える、個別評定で熱中させる

原実践者：向山洋一／ライター：末廣真弓

教室での語り

授業の導入では、三角形、四角形の定義を往復で聞き、確認する。

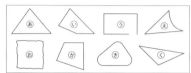

それから、右図のような三角形、四角形、三角形・四角形に似ているがどちらでもない形が混在している図を見せ、指示する。「三角形や四角形を見つけましょう」「ノートに記号を書きなさい」ノートの書き方を教え、まずは自分で解かせる。

> ①三角形…○、○、…
> ②四角形…○、○、…

「答え合わせをします」えを見せて「これは三角形ですね」とわざと間違えた答えを自信満々に言う。すると、子ども達から「ちがーう」と声が上がる。そこで「どうして三角形でないの？」と問う。「直線じゃないから」などの子どもの意見を褒めながら点数をつけ個別評定する。「もう間違えないぞ」いを見せて「これは三角形だ」と言う。子ども達はさらに熱狂して反論する。このやりとりの中で、子ども達が定義を根拠にし、三角形、四角形、どちらでもない形を説明する。だから、定義がより身につく。

語りのポイント

「似ているが違う形」を提示し、教師がわざと間違えることで子ども達をゆさぶる。子ども達は熱狂し反論する。子ども達が言う根拠に点数をつけ、個別評定をすることで、さらに熱中させながら、定義を根拠に反論させる。

情報BOX

「『定義は往復で聞く』（中略）しかし、これだけでも不十分だ。『Aに似た状態ならBであるか』と『ゆさぶり』をかけないと身につかないのだ。」『向山型算数教え方教室』「論文審査64」向山洋一、2005年3月号、P.52
授業の流れは、『トークライン』2018年9月号P.41塩苅有紀論文、2019年12月号P.41小松弘明論文を追試。
「教師がわざと間違える」「個別評定」は、向山洋一氏の追試である。

84 長方形、正方形とはどんな形

★直角「かっくん」と十分な操作活動で「直角」を体感

原実践者：藤野美紀／ライター：末廣真弓

教室での語り

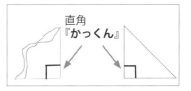

まず、紙を半分の半分に折らせる（右図）。

「できたかどの形を『直角』といいます」

「『かっくん』と曲がるので、直角『かっくん』といいます」子ども達がイメージしやすい言葉にする。「三角定規の中の直角『かっくん』を見つけなさい」「今度は、三角定規の直角『かっくん』を使って、教室の中にある直角『かっくん』をできるだけたくさん見つけなさい」十分に操作活動をさせる。

次に長方形の定義を読ませる。「4つのかどが、みんな直角になっている四角形を長方形といいます」長方形を1つ示し、「この四角形の4つのかどが直角か、三角定規の

語りのポイント

『直角』は定着させにくい概念の一つ。だからイメージしやすい『かっくん』という言葉を使う。そして、三角定規を当てて『直角』を見つける操作活動を十分やらせる。『直角』を体感させるのだ。

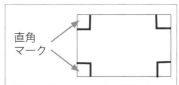

直角『かっくん』で調べなさい」「直角だったら、『直角マーク』を書きます（右図）」全員に三角定規を当てさせ、4つのかどが直角であることを確認させる。それから、長方形の紙を配布し、「紙を2つに折り、向かい合う辺の長さを比べる」という操作活動をさせる。「長方形の向かい合っている辺の長さは同じになっている」ことを体感させる。正方形も同様にする。

情報BOX

複数の図形の中から、長方形をみつける問題で、かどが直角かどうかをどのように確認させるかについて向山氏は次のように書かれている。「①師範用の三角定規を当てる。→35点 ②師範用の三角定規を当てさせる→45点　③全員に三角定規を当てさせる。ここは、③にまで、踏み込むべきなのだ。』**向山型算数教え方教室**』「論文審査83」向山洋一、2006年10月号、P.53。「子どもたちに直角の概念を混乱をできるだけ少なくしてとらえさせるために考えた『ちょっかくん（子どもたちが命名）という教具」『**向山型算数教え方教室**』「論文審査83」藤野美紀論文、2006年10月号、P.53

85 身の回りの長方形や正方形
★例示することで自由に探すことができる

ライター：松本菜月

教室での語り

【指示】身の回りから、長方形や正方形の形をしたものを見つけましょう。

　ぐるっと見回して、何か見つかった人？（指名）

　子ども達からは、すぐに教科書、ノート、窓…などが出た。

【指示】できるだけたくさん見つけてノートに書きなさい。5つ見つけたらノートを持ってきなさい。では、始め。

　子ども達は思い思いに教室の中を歩き回った。

　三角定規を持って歩き、角が直角かどうか調べている子がいた。

　全員、その場でその子に注目させた上で、その子をほめた。目立たないが丁寧に作業をする子のことを、きちんと見つけてほめてあげたい。

　ノートを持ってきた子から板書させた。

　以下は、子ども達が見つけたものである。

教科書　ノート　窓　ロッカー　机
カレンダー　名札　黒板　お道具箱
床のタイル　時間割　大型テレビ
学年だより（掲示物）　折り紙　筆箱
クレヨンの箱　出入り口の引き戸
学校の教育目標　図書室の本　等

語りのポイント

教室の中だけでなく、教室の外（廊下や階段、特別教室、校庭等）にまで目を向けると、たくさんの長方形や正方形が見つかる。タブレットを持って様々な場所に出かけるのもよい。見つけた長方形や正方形を写真に撮らせ、教室で共有する。

情報BOX 学校の中には、正方形のものよりも長方形のものの方が多い。
学校外の方が、道路標識や道路のタイル模様等、正方形のものが見つかりやすい。家の人の監督のもとで、安全に留意させながら、長方形や正方形を探させてもおもしろい。

86 直角三角形とはどんな形
★定義を何度も確認することで定着させる

原実践者：木村重夫／ライター：松本菜月

教室での語り

木村重夫先生の実践をもとに、『小学算数2上』(教育出版) p.124で実践した。

【指示】長方形や正方形の紙を図のように切り
ます。どんな形ができるでしょうか。

【指示】直角があります。どこですか。赤い〇
を書いてごらんなさい。

【指示】となりの人と確かめなさい。三角定規を当ててみなさい。「直角」と書い
ておきましょう。

【指示】その三角形には名前があります (教科書の定義を読む)。

【発問】先生の方を向きなさい。直角三角形とは、どんな三角形ですか。言える
人？(指名)

【指示】全員で「直角の角のある三角形です (定義の確認)」

【指示】教科書に直角三角形が2つあります。それぞれ直角はどこですか。赤い
〇を書きなさい。おとなりさんと確認。

【発問】この三角定規の形を何といいますか
(定義の詰め1)。

【発問】さっき切った三角形を何と言いますか
(定義の詰め2)。

【指示】切った直角三角形に「直角三角形」と
書いておきなさい (定義の詰め3)。

語りのポイント

定義を確認した後、「直角三角形とはどんな形か」言わせる、三角定規の形を確認する、切った三角形の形を確認する、「直角三角形」と書き込む…等の「詰め」の作業をすることによって、子ども達に、より定着させることができる。

情報BOX

原実践：『TOSSランド』「直角三角形 子どもが教師の発問・指示を予想できる」木村重夫

87 正方形の楽しい問題
★難問で知的に楽しく盛り上がる

原実践者：宮澤宏祐／ライター：松本菜月

教室での語り

　難問・良問一問選択システム（TOSSメディ
ア）より、知的で盛り上がる問題を紹介する。

　右の図を印刷したものを配布し、板書もす
る。

【発問】この中に、正方形は、いくつあるでし
　ょうか。答えを書けたら持っていらっしゃ
　い。

　子ども達は、はじめは、自信たっぷりに
「13個」と答えを書いて持ってきた。笑顔で
「残念！」と言いながら×をつける。

　そのうちに、大きな正方形もあることに気がつく子も出てくる。

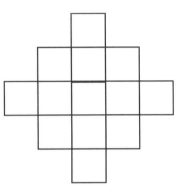

【解答】

□ が13個、

〔2×2の正方形〕 が４個、

〔3×3の正方形〕 が１個である。

　したがって、13＋4＋1＝18

　答えは、18個である。

語りのポイント

２年生だと、「まったくわからな
い」という子もいるかもしれな
い。クラスの実態に応じて、ま
ず、助走問題として「田」の形を
示し、「この中に正方形はいくつ
ありますか」と出題してもよい。
【解答】5個

情報BOX　木村重夫編『教室熱中！めっちゃ楽しい算数難問一問選択システム』（全６巻＋１巻）学芸みらい社

88 かけ算九九尺で原理を教える
★感覚をフルに使い、かけ算を「量感」としてとらえさせる

原実践者：向山洋一／ライター：津田奈津代

教室での語り

1 かけ算の導入は、「3 × 2」から

いちごが何個ありますか。（6個です）

縦に3個並んでいます。横はいくつですか。（2つです）

式で言うと、どう言いますか。（3＋3＝6です）

3個の列が2つある計算を、「3×2＝6」と言います。

言ってみましょう。

＊2×2から行うとかけ算の意味がとらえにくくなるので、3×2から始める。また、尺の内側が手で隠れると量が目に入りくいため、端を持たせる。

2 導入は一目でわかる範囲の「3×5」「2×5」まで

＊計算尺を1つずらし、3×3にする。

これは何と言うでしょう。お隣と相談してごらんなさい。（3×3＝9です）

よくできましたね。続いて、もう1つずらします。（3×4＝12です）

みんな天才ですね。算数で一番難しいかけ算を簡単にできていてすごい。

かけ算を言うとき、できるだけことばを削って短く言います。

これを「さんにがろく」と言います。言ってみましょう。（さんにがろく）

次は。（さざんがく。さんしじゅうに。さんごじゅうご）

では、2の段を言ってみましょう。

（にいちがに。ににんがし。にさんがろく。にしがはち。にごじゅう）

では、自分で練習してみましょう。

情報 BOX

かけ算の導入には、シンプルに【かけ算の意味】を扱いたい。それには、かけ算九九セットで三の段の二列が必要だ。**向山洋一氏**『**教育トークライン**』2005年、10月号
「かけ算九九計算尺セット『かけ算九九の助』」は、計算尺を手で動かし、視覚で量をとらえさせ、口で唱え、感覚をフルに使うスーパー教材である。購入は、**教育技術研究所**より。

89 かけ算九九尺で楽しく九九練習

★シートのバリエーションをフル活用しよう

原実践者：向山洋一／ライター：津田奈津代

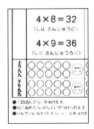

教室での語り

1 暗唱テストもかけ算九九尺で

「暗唱テストをします」「今日は難しい七の段です」

「『九九の助』で練習します」

「100点の自信のある人いらっしゃい」

教卓に尺と暗唱シートを置いておく。子どもは尺を動かしながら唱える。

「七三、七四」と唱える数と順序はシートを見て言えばよいから、ワーキングメモリの負担が少ない。

クラスで一番九九が苦手な子だけには、しかくシートをそっと開いてやる。

「できたね！　すごいなあ!」とみんなに聞こえるようにほめる。

2 いちご・あかまる・しかく・あんしょうシートをフル活用

いちご・あかまるシートは、具体物・半具体物として量感をつかませることができる。しかく・あんしょうシートは、かけ算の暗唱練習に活用できる。

しかくシートは、四角の中に数字が入っている。計算尺の矢印の先に数字があるので、まだ暗唱に自信がない子や覚えている最中の子に活用できる。

あんしょうシートは、自信がある子や暗唱テストに活用できる。

3 チェックシートで努力が目に見える

上り九九、下り九九それぞれに〇が10個ある。

「九九を1回唱えたら〇に色を塗ります。10個塗ったら検定が受けられます」と子どもに言っておく。

九九を1回唱えるごとに〇に色を塗るので、自分の努力が目に見える。

情報
BOX

「かけ算九九セットはできるだけ『子どもが自分でやる』ように指導する＜向山のユースウェア＞」向山洋一氏『教育トークライン』2005年、10月号

「かけ算九九計算尺セット『かけ算九九の助』」は、いろいろなシートを使って、九九が楽しく覚えられる教材である。購入は、**教育技術研究所**より。

90 かけ算を工夫して数を求める
★「一目で見てわかるように」の指示を入れる

原実践者：向山洋一／ライター：津田奈津代

教室での語り

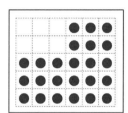

1　**「一目で見てわかるように持っていらっしゃい」**

図のような配置の●の数を工夫して求める問題である。

「全部で何個ありますか。数えてみましょう」

（24個です）

「先生は、答えを知りたいのではありません。先生が知りたいのは、どういうふうに考えてその答えを出したか、頭の中が知りたいのです」

「先生が一目で見てわかるように図や式、言葉をノートに書いて持っていらっしゃい」

2　**「図や式、言葉をノートに書いて」の型を教える**

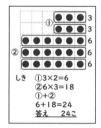

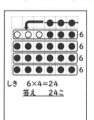

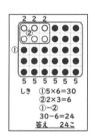

3　**子どもの発表を活用する**

「すごいなあ。まとまり同士をたした、Aさん方式でやった人？」

「なるほど。移動させて式を作った、Bさん方式でやった人？」

「さすが。全体から無いところをひいた、Cさん方式でやった人？」

子どもの発表を活用して「○○さん方式」と聞くと、自分の考えを取り上げられた満足感が得られる。

情報 BOX
「向山洋一の算数授業CD　II」向山洋一氏の授業
和智博之『小学2年生　新・授業づくり＆学級経営365日サポートブック』学芸みらい社、P.147
細田公康『「算数」授業の腕が上がる新法則』学芸みらい社、P.18-21

91 100のまとまり、1000のまとまり
★「百玉そろばん」で長期記憶に保持させる

原実践者：河田孝文／ライター：井上和紀

教室での語り

大きな数の学習には百玉そろばんが効果的である。

「4けたの数」に入る前からでも使える、低学年必須のアイテムである。

T「百玉そろばん」 C（百玉そろばん）

T「順唱」 C（順唱）

「カチッ（玉を1つはじく）、1。カチッ、2。カチッ、3。カチッ、4。カチッ、5。……。カチッ、9。カチッ、10」

「1つ、10」

「カチッ（以下カチッ：★）10、★20、★30、★40、★50、★60、★70、★80、★90、★100」

「1つ、100」

「★100、★200、★300、★400、★500、★600、★700、★800、★900、（じらして）★1000」

「1つ、1000」

「★1000、★2000、★3000、
★4000、★5000、★6000、
★7000、★8000、
★9000、（じらして）
★10000（1万）」

「もう、答えがわかったね」

これを毎日していると、子どもの脳に、長期記憶として残る。

語りのポイント

百玉そろばんを使っての指導である。何より教師用百玉そろばんを使い、リズム・テンポよく進めることである。百玉そろばんの使い方については、下記DVDやYouTubeで見ることができる。まずは百玉そろばんに触れてみることである。

情報BOX
『向山型算数わくわく講座IN山形』DVD（TOSS山形）
『向山型算数セミナー』河田孝文提案

92 お金で考えさせ、数字が浮き出るように読む
★100を18こ集めた数は?　2300は100を何こ集めた数?

ライター：井上和紀

教室での語り

■ 100を18こ集めた数は?

「お金で考えます。100を18ことは、100円玉を18枚と考えます」

「100円玉10枚では、いくらですか」（1000円）

「では残り。100円玉8枚では」（800円）

「1000円と800円で」（1800円）

「だから、1800です」

「100を18こ集めた数は、1800です」

「このように、お金で考えるとわかりやすくなります」

=

■ 2300は100を何こ集めた数?

「2300は、2000といくつですか」（300）

「2000円は千円札が2枚。
1000円は100円玉が何枚」（10枚）

「だから、2000は100が20こ」

「300は100が何こ?」（3こ）

「だから、2300は、100が?」
（23こ）

「2300は、100が23こです」

語りのポイント

お金で考える。教科書でも、お金で考えているものが多い。キャッシュレスの時代ではあるが、まだお金は身近である。教科書の問題を読むときと同じく、数字が浮き出るようにゆっくり読むとわかりやすくなる。

情報 BOX

『新しい算数2年下』東京書籍
『みんなと学ぶ小学校算数2年下』学校図書

93 両手を広げた長さ　1m=100㎝
★実際に体を動かし、体感させ、理解を促す

ライター：川田啓輔

教室での語り

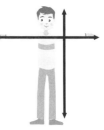

腕を広げてごらん。指の端から端までの長さは、その人の身長と同じぐらいになるそうです。本当にそうなるか、やってごらん。

昔の人は、この長さに名前をつけました。「尋（ひろ）」といいます。言ってごらん。（尋）

○○さん、前に来てください（比較的小柄な子を指名した方が測りやすい）。

○○さん、腕を広げてください（紙テープで長さを写し取る。黒板に貼る）。

○○さんの尋は、何㎝でしょうか？（えー、100㎝くらい）

みなさんは長さを測るときに何を使いましたか？（物差し）

物差しを使って、この尋の長さを測りましょう。班の友達と協力して測ります（同じ長さの紙テープを班の数作って配る）。

何㎝でしたか（仮に120㎝とする）？

何か困ったことや難しかったことはありましたか？（物差しを繋げるのが大変だった）

実は…、こんな物差し（1m物差しを提示する）があります！

「1m物差し」といいます。1㎝が100個入っています。1m=100㎝です。

何cmかな？

語りのポイント

* 一緒に体を動かしながら体感させることで、体を使った長さについてより理解しやすくなる。
* 「実は…」と間を空けることで、提示した時に驚きをより演出させることができる。

情報BOX　体を使った長さを「身体尺」という。親指の幅「寸（すん）」、握った拳「束（つか）」、手を広げて親指から中指まで「咫（あた）」（諸説あり）という。古代ローマなど諸外国でも同様の身体尺がある。「世界中でいろいろな単位が生まれました。でも、バラバラで困ったので世界中、同じ単位に揃えました」と話しても面白い。

94 イラスト図→だんご図→テープ図
★テープ図は既習と繋がっていることを教える

原実践者：木村重夫／ライター：川田啓輔

教室での語り

みかんが5個あります。これを絵にします（板書）。

みかんがおだんごになりました（みかんと大きさを揃えて板書）。

おだんごが繋がりました（だんご図を四角で囲む）。

そして、おだんごが消えて、長四角のテープになりました（テープ図だけかく）。

テープの長さは5個なので「5こ」と書きます。

これを「テープ図」といいます。さんはい。（テープ図）

では、テープ図をかく練習をします。

「りんごが3個あります」おだんごを3個かきなさい。

四角で囲んで、テープ図にします。

何個かわかるように「3こ」と書きます。

できた人、ノート見せて。うわぁ上手だ！

さらにお話が続きます。

「4個もらいました」おだんごを4個増やします。次にどうしますか？

（四角で囲む）（「4こ」と書く）

全部で何個になりますか？（7個）

下に「7こ」と書きます。完成です！

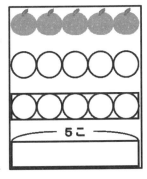

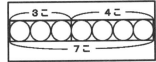

語りのポイント

＊具体から抽象へと少しずつ変化をさせていき、既習と繋がっていることを実感させる。

＊いきなりテープ図をかかせるのは難しいのでテープ図への橋渡しとして「だんごテープ図」でかかせる。その後テープ図へ。

情報BOX

原実践：木村重夫『算数の教え方には法則がある』明治図書出版、P.72
テープ図は、数量を図示し、幾つかの数量のかかわり合いをとらえさせるために用いるものである。これが線分図へ発展する。『算数教育指導用語辞典』P.239

95 図を使って考えよう（部分を求める）
★問題文を区切りながらテープ図を完成させる

ライター：川田啓輔

教室での語り

問題「みかんが15こあります。何こか買ってきたので、ぜんぶで32こになりました。買ってきたみかんは何こですか」

　お話を図に表します。でも、「15こ」や「32こ」と数字が大きいです。全部○（おだんご）でかくのは大変だ。この前、何を習いましたか？（テープ図）

　そう、お話をテープ図に表してみましょう。「みかんが15こあります」テープをかきます。「15こ」も書きます（①）。

　「何こか買ってきたので、」今かいたテープにつなげます。何こ買ったかわからないので、「□こ」にします（②）。

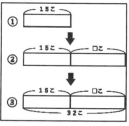

　「ぜんぶで32こになりました」32こ、と書きます（③）。

　お話をもう一度読みます。さんはい。

　お話が、このテープ図になっています。

　このテープの中に、みかんが何こも入っているんですね（板書のテープ図に指で○をかき、イメージさせる）。

　答えを知りたいのは「全体」ですか（テープ図全体を指で囲む）、「部分」ですか（15こと□こを指で囲む）？　部分ですね。

　たし算ですか、ひき算ですか？（ひき算）

　式を書いて、計算してごらんなさい。

語りのポイント

＊問題文を区切りながら一つ一つ作図させていくことで、理解させやすくなる。

＊「全体」と「部分」、初めての用語だが指で示しながら伝えることで「全部のことだな」「片方のことだ」とわかってくる。

情報BOX

「テープ図をかきなさい」と言っても、長さが示されていないと子どもには難しい。長さを指示するとかきやすくなる。「テープを5マスでかきます」「さらに5マスつなげます」、本来は長さが均一にはならないが、テープ図はかきやすくなり、ねらいとなる学習に集中させやすくなる。

96 図を使って考えよう（全体を求める）

★原理を教えた後にテープ図の基本型を教える

原実践者：河田孝文／ライター：川田啓輔

教室での語り

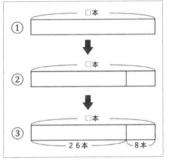

問題「ジュースが何本かあります。26本くばっ
たので、のこりが8本になりました。ジュース
は、はじめ何本ありましたか」

お話をテープ図に表します。「ジュースが何本
かあります」何本あるかわかりません。長いテー
プをかきます。「□本」と書きます（①）。

「26本くばったので、のこりが8本になりまし
た」26と8、どっちが大きいですか？（26）く
ばった分を多めにとって、線を引きます（②）。
26本と8本、数を書きます（③）。

「ジュースは、はじめ何本ありましたか」答えを
知りたいのは、「全体」ですか？「部分」ですか？
全体ですね（テープ図を指で示しながら）。

たし算ですか、ひき算ですか？（たし算）
式を書いて、計算してごらんなさい。
（答えを出した後）テープ図の形を決めて
かいてみます。
10マスの四角をかきます（④）。
真ん中、5マスで線を引きます（⑤）。
お話の数を書きます（⑥）。
たし算ですか、ひき算ですか？（たし算）

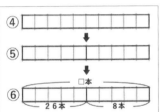

語りのポイント

＊前時からの続きとなる。したがっ
て、流れは同じように問題を
途中で区切りながらテープ図を
かいていく。

＊テープ図の原理を教えた後に、
形を決めたテープ図を教えると
子どもが便利さを実感できる。

情報BOX 原実践：『サークル例会での代案授業』河田孝文

テープ図（線分図）は、全体と部分の数字が書き込めれば立式できる。難しいのは数の大小
によって「テープの長さを変える」ことである。河田氏の基本型を活用すれば、数の大小に
よる長さの変化を気にせずに問題に取り組むことができる。

97 分数とは何か
★作業を通して、分数とは何かを理解させる

原実践者：木村重夫／ライター：津田奈津代

教室での語り

① 説明せずに作業させる

「ノートに縦4マス、横4マスの正方形をかきなさい」

「真ん中に横線を引きます。同じ大きさの2つに分けます」

「下を赤く塗りなさい。塗れたら持っていらっしゃい」

「塗り方が丁寧ならA、ほぼ合格ならB、はみ出し・塗り残しが目立つならやり直しCです」

「赤いところは、同じ大きさに2つに分けた1つ分です」

「これを2分の1といいます」

「ほかにも、2分の1がかけますか。かいてみましょう」

「同じ大きさに4つに分けた1つ分を何といいますか」

（4分の1です）

「かいてみましょう」

② 教師とのやり取りで図形と分数が正しいか理解させる

「（①を出し、）これは？」（4分の3です）

「その通り。（②を出し、）これは？」（4分の3です）

「それはなぜですか」（同じ大きさに4つに分けた3つ分だからです）

「なるほど。（③を出し、）じゃあ、これは3分の1ですね」

（違う～！）

「なぜ3分の1ではないのですか」（同じ大きさに分けていないからです！）

「すごいなあ。分数バッチリですね」

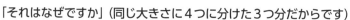

情報
BOX

木村重夫『算数の教え方には法則がある』明治図書、P.106-108
和智博之『小学2年生　新・授業づくり&学級経営365日サポートブック』学芸みらい社、P.171

98 分数の楽しい語り

★分数の始まりの歴史をお話で楽しく語る

ライター：津田奈津代

教室での語り

1　分数の始まり

分数っていつ発明されたのでしょうか。

今から4000年前のエジプトでは、すでに分数が使われていたといわれています。1つのものを2人で分ける、3人で分ける…ことを数字で表す必要があったのです。分数の表し方は今とは違い、（黒板に書く）この図のようなものでした。

今の $\frac{2}{3}$ のような書き方に近くなったのは1000年前のヨーロッパからです。

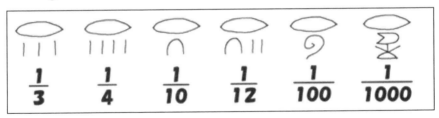

2　昔の日本で使われていた分数

日本には、中国から分数が伝わりました。

古代中国の算数の本『九章算術（きゅうしょうさんじゅつ）』が昔の日本に伝わりました。そこに、「三分之一（さんぶんのいち）」という分数の表記が載っていました。

今のようなアラビア数字を使った表し方は、明治時代に文明開化とともに広まりました。最初はアラビア数字が読めない日本人が多かったので、漢数字にふりがなをふっていたこともあったそうです。

分数の始まりの歴史って面白いですね。

情報BOX　『もっと数学の世界「第4回どんどん広がる数の世界」』教育開発出版株式会社HP
桜井進 監修『考える力が身につく！好きになる　算数なるほど大図鑑』ナツメ社

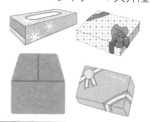

99 箱の形と面
★実物を用意することでイメージ

ライター：大井隆夫

教室での語り

1 実物を「見せる」

　私たちの身の回りには、たくさんの箱があふれている。そこで、それを気付かせるには何よりも実物を「見せる」ことが重要である。

　実際の授業では、教師がたくさんの箱を用意する。そして、一つずつ子ども達に「見せる」。この段階では、子ども達は、お菓子の名前を言う。7つ程度示した上で、子ども達に次のように問う。「これらは何でしょう」

　このように問うことで、「箱」を一般化できる。

2 実物を「写す」

　「教科書に箱の面を写し取った写真があります。指で押さえてごらん。同じように今から配る箱を写し取ってごらん」と言い、作業をさせる。

形	正方形	長方形
数	6つ	6つ
同じ形	6つ	2つ

語りのポイント

繰り返し「箱」を提示しながら、楽しい雰囲気で学習を進める。その上で、「これらは何ですか」と一般化することで、子ども達は集中する。

　箱は、「おうちにある人は持ってきてね」と呼びかける。

　しかし、家庭で用意できない子や忘れた子用に箱を用意しておく。

　「写し取った面の形は、何という四角形ですか」「面はいくつありますか」

　「同じ形の面は、いくつずつありますか」2つと6つという答えが出る。

　箱によって違う。「箱の面について、同じところや違うところを言いましょう」この問題に答えやすくするために、右上図のように板書する。そうすることで、比較しやすくなる。

情報 BOX 箱の形を写し取る作業は、教室が混乱する可能性が高い。教師が箱を用意し、少しでも支援の必要な子が混乱しないよう準備が必要である。さらに、必要であれば、なぞれば完成するノートを用意しておくのもおススメである。

100 ひごと粘土玉で箱の形を作ろう
★実物を解体することでイメージ化

ライター：大井隆夫

8 cm
6 cm
12 cm

教室での語り

① 実物を「解体」する

　右図のような、ひごと粘土で作った箱の形を提示する。

　その上で、6 cm、8 cm、12cmのひごが何本ずつ使われているかを調べる（教師用は、3倍したものを用意しておく）。この時に、指で数えても、子ども達は、よくわからない。大切なのは、ひごを数えながら解体することである。間違いなく全体が何本がわかる。

> ### 語りのポイント
>
> 「実物」を解体しながら、楽しい雰囲気で学習を進める。その上で、「おぉ！　本当だ。よくわかったね！」などと力強く褒めながら進めることがポイントだ。

　「6 cmのひご、何本使われているでしょう？」（4本）

　「本当かな？　これを崩しながら数えてみましょう。本当だ、確かに4本です」

　他の長さのひごや粘土玉の場合も同様にする。

② 実物に「触れて数える」

　6 cm、8 cm、12cmのひごを配り、全員で作り、作業過程を確認することが大切である。「8・12・8・12の四角形できたら先生に見せてね。上手！」と確認し、褒めながら進めていく。実物を完成させた上で、次のように聞く。

　「箱の形で辺、いくつあるでしょう」（12です）

　「辺って、これではどの部分でしょう」（ひごです）「本当に12あるか数えてごらん」このように聞き返し、実物にふり返らせる作業を通すことで、実物を作った意味があり、実感を伴った理解が深まっていく。

情報 BOX　実物を触りながら学習することで理解が深まる。しかし、ただ触るのではなく、言葉との往復運動が大切である。その時に「先生、次何と言うでしょう」と変化を入れることで、より、子ども達は、集中して聞くようになる。

101 難問に挑戦しよう
★空間認知能力を高める

ライター：大井隆夫

教室での語り

1 難問に挑戦させる

教科書に出る問題を理解させるのも大切な学習である。

しかしながら、すぐに解くのは難しい問題、いわゆる難問に挑戦するのも大切な学習だ。

なぜならば、難問を解くのは、子ども達が大好きだからだ。そして、熱中するからだ。

語りのポイント

余計なことは語らない。それが最も大切なポイントだ。しかしながら、問題を読みあげてから、取り組ませるのがポイントである。

箱の形の難問は、以下の問題だ。

> ある形を上、横、前から見てみると図のように見えました。
> さて、ブロックがいくつ使われてできているのでしょうか。

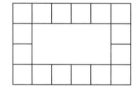

<上から見た図>　　<横から見た図>　　<前から見た図>

2 教師はヒント無しで○付けをするのみ！

「これどういうことですか」と、子どもに聞かれるとつい答えたくなる。

ぐっとこらえて、「ブロックが積んであります。3つの方向から見たらこう見えた、ということです」と解説するに留める。ちなみに、56こである（右図）。まとめのページをした後に、時間が余る。その時間を活用し、問題を提示することをお勧めする。

情報BOX 木村重夫、中田昭大編集『算数難問1問選択システム・初級レベル2＝小2相当編』　学芸みらい社、NO.13福田一毅・綾坂菜月出題より引用

102 かける数が1ふえると答えはどうなるか
★百玉そろばんを使って視覚的に示す

ライター：竹内進悟

教室での語り

■ 「九九の表を横に見て、九九の答えがどのように並んでいるかを調べましょう」

「2の段について調べましょう。こちらを見ます。2の段を言います。さんはい」

子どもの声に合わせて二段に分けて2つずつ百玉そろばんをはじく（右図のように）。

「かける数が1ふえるたびに、答えはどうなりましたか」（2ふえた）

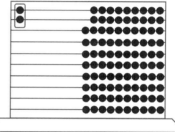

「そうですね。表を見ます。3の段から下を下敷きで隠してごらん。指でおさえますよ。

2×1＝（にいちが）？（2）

2×2＝（ににんが）？（4）

いくつふえましたか？（2）

かける数が1ふえると、答えは2ふえるね。教科書の表に矢印と＋2を書きます（板書する）。次も2ふえていますか？　調べて『＋2』と書いていきなさい」

「他の段はいくつずつふえていますか。調べてごらんなさい」

1	2	3	4	5	6	7	8	9
2	4	6	8	10	12	14	16	18

1	2	3	4	5	6	7	8	9
2	4	6	8	10	12	14	16	18

+2

情報BOX 子どもが自分で発見をしていく学習場面である。教師は教えない。説明しない。数字だけでぱっとわからない子どものために、百玉そろばんで視覚的に2ずつふえていくのがわかるようにする。
参考文献：木村重夫『成功する向山型算数の授業』明治図書

103 九九を使った12×4の求め方
★様々な求め方は子ども達が見つけ出す

ライター：竹内進悟

教室での語り

1 「いろいろな求め方で12×4の答えを求めましょう」

12個の●が4列かかれたプリントを用意する。

「これからプリントを配ります。このプリントに12×4の求め方を書いてもらいます。先生がパッと見てわかるように、自分の考えを書いて持っていらっしゃい」

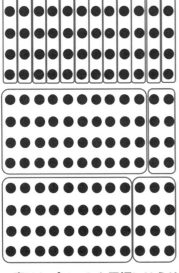

4つずつ囲って、4×12で考えました。
4×9＝36なので、4×10＝40、
4×11＝44、4×12＝48です。

40のかたまりと8に分けて考えました。
4×10＝40、4×2＝8で、40＋8＝48
です。

九九はわかるので、4×9をやりました。
4×9＝36で、残りが4×3＝12です。
36と12をたして、48です。

　書けたプリントを黒板にはらせ、一人ひとり発表させる。教師はどの考えもほめてやる。最後に、友達の考えをノートに写させる。教師が指定してもよいし、自分とは違う考えや、いいと思った考えを写させてもよい。

情報
BOX

台形の面積を求める問題などと同様、子どもから様々な考えを引き出し、自ら解決方法を見つけ出す学習場面である。大きめの用紙（B4）に印刷してやると、黒板にはったときに見やすくなる。今ならGoogleスライドやJamboardを使って書かせてもよい。

---

104 0のかけ算
★「的当て」などの身近な遊びをもとに考える

ライター：竹内進悟

教室での語り

1　「太郎くんは、的当てをして遊びました。10回やると、下の表のようになりました。合計は何点になったでしょう。それぞれのとく点を求める式を考えてみましょう」

点数	3点	2点	1点	0点
あたった回数	0回	3回	5回	2回
とく点				

「2点のところは、何点ですか。とく点を求める式をノートに書きなさい」

「式を言います」（2×3）「同じ人？　大正解！」

「答えをみんなで。さんはい」（6）「あってた人？　よし。赤で丸！」

「1点のところは、何点ですか。式と答えを書きなさい」

指名する。（1×5＝5です）

「あってた人。すごいなあ。赤で二重丸しなさい」

「では、3点のところは何点ですか？　答えがわかる人？」（0点です）

「すごい。その通りだ。では、式はどうなりますか。式を書きなさい」

「式と答えを言ってごらん」（3×0＝0です）

「できた人？　すごい！　三重丸しなさい。

3点は1回も当たらなかったから0点なんだな。では、0点のところは何点ですか。答えをみんなで。さんはい」（0点）

「0点なの？　2回当たったよ」（0点だよ！）

「じゃあ10回当たれば1点くらいもらえるよね？」（だめだよ！　0点だよ！）

「そうか。0点は何回当たっても0点なんだな。式と答えをノートに書いてごらん」

語りのポイント

問題に入る前に、的当てを使ってやりとりをするとよい。「Aちゃんが投げました（2点のところに3ヵ所印をつける）。何点かな？」（6点）「式はどうなる？」（2×3）Bちゃんは3点、先生は0点のところに当たったことにするとよい。

105 九九の答えの一の位を線で結ぼう
★一時に一事の作業指示でエラーレスの活動になる

ライター：竹内進悟

教室での語り

1　「九九の表を見ます。2の段を指でおさえなさい。言います。さんはい」

「2の段の答えの一の位に〇をし
ていきます。2×1＝？」（2）

2の段

②	④	⑥	⑧	⑩	⑫	⑭	⑯	⑱

「2の一の位の数字は2なので、2に〇をします」

「（順番に進めていく）2×5＝10の一の位の数字はいくつですか」

「0ですね。0に〇をします。1にぶつからないように丁寧に書きますよ」

同じように確認しながら進めていく。エラーが起こらないようにする。

「一の位の数字だけ言ってごらん」（2, 4, 6, 8, 0, 2, 4, 6, 8）

「その数字を順番につないでいきますよ。0からスタートし
ます。えんぴつの先を0に置きなさい。まず、どこに進みます
か」（2）「定規を使って線をなぞりなさい」

「次にどこにいきますか」と2の段を最後まで全員でやった
あとに、好きな段に取り組ませる。「好きな段を1つ選びます。
できたらもっていらっしゃい」

一人ひとり力強くほめながら丸をつけてあげるとよい。

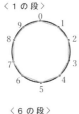
〈1の段〉

〈3の段〉

〈4の段〉

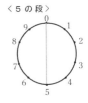
〈5の段〉

〈6の段〉

〈7の段〉

〈8の段〉

〈9の段〉

106 時間の数直線で考える
★時計が、横に伸びた。数直線に変身

ライター：大川雅也

教室での語り

『わくわく算数3上』（啓林館）P.53に、次の問題がある。

「学校を8時45分に出ます。学校から公みん館まで25分かかります。公みん館に着く時こくは、何時何分ですか」

1 【語り】時計が、横に伸びました。数直線に変身。

数直線をノートに書きます。日付から5行空けます。

ミニ定規で横12マス、線を引きなさい。

左端に8：00と書きます。右に1マス、チョン（目盛りを打つ）。1目盛り10分です。

その隣は？　（8：20）10：00まで10分刻みで目盛りを打たせる。

2 学校を出たのは何時何分ですか。

8時45分は、数直線のどこですか。指で押さえなさい。矢印を書いて、その上に8：45と書きなさい。

8時45分。あと何分で9時ですか。（15分）

先生と同じように、丸矢印を書きなさい。

公民館まで何分かかったのですか。（25分）

15分経った。あと何分で25分ですか。（10分）

丸矢印を書いて、10分と書きなさい。矢印の先が、公民館に着いた時刻です。

何時何分ですか。書きなさい。（9：10）

図の下に、答えを書きなさい。（9時10分）

語りのポイント

「時計が、横に伸びました」の「時計が」の時に、教師が時計の円周をなぞる仕草を行う。「横に」でくっつけた両手を横に広げる仕草を行う。

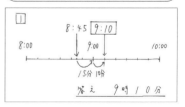

情報 BOX　参考文献：木村重夫『TOSSランド』「新同時進行の向山型算数3年　時こくと時間」

107 「秒」にまつわる楽しい語り

★地球の回り方から「秒」が生まれた／1秒の距離

ライター：大川雅也

教室での語り

1　地球が太陽の周りを1周します（公転）。何日かかると思いますか。

およそ365日です。これを1年と決めました。

だから1年は、およそ何日ですか。（「1年＝365日」と板書）

地球は、回転しています（自転）。1回転して、太陽の光が届く時間と届かない時間があります。これが、昼と夜です。

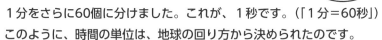

自転
約24時間で1回転する

太陽

地球

公転
約365日で太陽の
まわりを1周する

地球は、1回転するのに、何時間かかるでしょうか。24時間です。だから、1日は何時間ですか。（「1日＝24時間」と板書）

1時間を60個に分けたものが、1分。だから、1時間は、何分ですか。（「1時間＝60分」）

1分をさらに60個に分けました。これが、1秒です。（「1分＝60秒」）

このように、時間の単位は、地球の回り方から決められたのです。

2　人が歩きます。1秒でおよそ1m進みます。

自転車に乗りました。1秒で何メートル進むと思いますか。（およそ3m）

今度は、自動車に乗りました。1秒で何メートル進むと思いますか。（およそ17m）3年生の廊下の端から端まで進みます。

新幹線に乗りました。何メートル進むと思いますか。（およそ83m）校庭の端から端まで進むことになります。

乗り物のスピードによって、1秒の距離が変わるのですね。

語りのポイント

どちらの語りも発問を入れ、答えを板書しながらテンポよく進めると盛り上がる。

情報
BOX

池内了 監修『時間の大研究』PHP研究所、P.12、41

108 わり算
★「ワクワクわり算」のネーミングで包含除と区別

原実践者：乙津優子／ライター：大川雅也

教室での語り

「等分除」の導入ページ、「包含除」の導入ページは既習とする。今回扱うのは、「等分除」と「包含除」が両方出てくるページである。この2つを区別する場面で、「等分除」の概念を、「ワクワクわり算」のネーミングで示す。

１ 読みます。

「12このあめがあります。3人に同じ数ずつ分けると、1人はなんこになりますか」

２ 図、式、答えの3点セットが書けたら、ノートを持ってきなさい。

＊図の描き方を忘れた子のために、1こずつ分けた右図を板書する。

合格の児童に図、式、答えを板書させる。

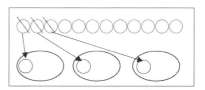

３ 3人で同じ数ずつ分けます。もらえない人はいますか。（いません）

その通り。3人とも必ずもらえます。

だから、「ワクワクわり算」といいます。

言ってごらん。（ワクワクわり算）

図の隣に、赤鉛筆で「ワクワクわり算」と書きましょう。

語りのポイント

図を描いた後に、「必ずもらえるから『ワクワクわり算』」と押さえる。この言葉を図の隣に書かせることで、関連付けて覚えることができる。

情報BOX

「等分除」とは、「ある数を幾つかに等分して、一つ分の数量を求める」である。『算数教育指導用語辞典』P.213

原実践：『「算数」授業の新法則』学芸みらい社、乙津優子、P.36-37

参考文献：向山洋一『向山型算数教え方教室』明治図書、2000年8月号、P.52-53論文審査

109 わり算
★「ドキドキわり算」のネーミングで等分除と区別

原実践者：乙津優子／ライター：大川雅也

教室での語り

　「等分除」の導入ページ、「包含除」の導入ページは既習とする。今回扱うのは、「等分除」と「包含除」が両方出てくるページである。この２つを区別する場面で、「包含除」の概念を、「ドキドキわり算」のネーミングで示す。

1　読みます。

　「12このあめを１人に３こずつ分けると、何人に分けられますか」

2　図、式、答えの３点セットが書けたら、
　　ノートを持ってきなさい。

　＊図の描き方を忘れた子のために、右図
　　を板書する。

　合格の児童に図、式、答えを板書させる。

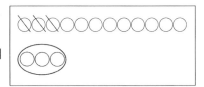

3　１人に３こずつ分けます。はじめ何人がも
　　らえるかわかりますか。（わかりません）

　もしかしたら、もらえないかもしれない。だ
から、「ドキドキわり算」だ。

　「ドキドキわり算」言ってごらん。図の隣に
書きましょう。

語りのポイント

図を描いた後に、「もらえないか
もしれないから『ドキドキわり
算』」と押さえる。この言葉を図
の隣に書かせることで、関連付け
て覚えることができる。

情報BOX

「包含除」とは、「ある数を幾つかずつ同じように分け、幾つ分かを求める」である。『**算数教育指導用語辞典**』P.213

原実践：『「算数」授業の新法則～３年生編』学芸みらい社、乙津優子、P.36-37

参考文献：向山洋一『向山型算数教え方教室』明治図書、2000年８月号、P.52-53論文審査

110 わり算
★「お皿の上に数を書きなさい」でイメージを湧かせる

原実践者：木村重夫／ライター：大川雅也

教室での語り

　**啓林館の該当ページは、色紙の問題となっている。色紙よりもクッキーの方が
お皿に分けることができ、イメージしやすい。よって、次の先生問題を行う。**

１　先生問題①

　「クッキーを４人で分けます。クッキーが４
このとき、１人分は何こになりますか」

　ノート、「クッキー４こ」と書きなさい。

　その下、お皿の絵を描きます（板書する）。

　４人だから何枚ですか。（４枚）

　お皿の上に数を書きなさい。（１・１・１・１）

　１人分は、何こになりますか。式を書きな
さい。（式　４÷４＝１）

　答えも書きなさい。（答え　１こ）

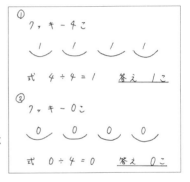

２　先生問題②

　「クッキーを４人で分けます。クッキーが０このとき、１人分は何こになりま
すか」

　ノートの続き、「クッキー０こ」と書きなさい。

　お皿の絵も描きます（板書）。お皿の上に、
数字を書きなさい。（０・０・０・０）

　１人分は、何こになりますか。式と答えを書
きなさい。（式　０÷４＝０）（答え　０こ）

　教科書の問題に入る。

語りのポイント

お皿の上に数を書かせる。
これだけでイメージが湧く。
イメージが湧けば、混乱は生じな
い。

情報BOX　引用文献：木村重夫『新・同時進行の向山型算数３年』TOSSランド、VIEW:1643

111 3けたの数のたし算

★リズムに合わせて手順を覚える

ライター：山崎克洋

教室での語り

「365円のはさみと、472円の色えんぴつを買います。代金はいくらですか」

式を書きます。

式、どうなりますか。

（365＋472）

最初に計算するのは何の位ですか？

（一の位）

$5＋2＝7$

次に計算するのは？　（十の位）

$6＋7＝13$

13の1は4の下に書きます。

最後に計算するのは？

（百の位）

$3＋4＋1＝8$

答えは？　（837円）

式、筆算、答え、3点セットで書けた人？

○を付けます。

これらの後、リズムを付けて筆算の歌を教える。

「最初の計算一の位♪5＋2＝7♪」

「お次の計算十の位♪6＋7＝13♪」

「最後の計算百の位♪3＋4＋1＝8♪」

「答えは、837♪」

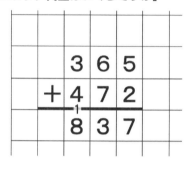

語りのポイント

リズムに合わせて楽しく筆算を解く手順を身に付けさせたい。

繰り上がりの1の位置は、筆算の線のところに書くとよい。

これは$3＋4＝7$をした後に、あと1だけたすので、苦手な子にとっても計算が簡単になるため。

これは東大の斎藤教授も雑誌の中で有効性を述べているので、そのことも伝えるとよい。

情報 BOX

教室ツーウェイ140号　斎藤美樹・斎藤泉・東京大学医科学研究所

・右のQRコードからデータをダウンロードすると、筆算の歌を聞くことができます。

112 3けたの数のひき算

★動作化を入れて楽しく筆算の歌

ライター：山崎克洋

教室での語り

「402－175」

筆算を書きます。

最初の計算？

（一の位♪）

2－5ひけますか？

（ひけません）

10の位から借りられますか？

（借りられません）

100の位から借りられますか？

（借りられます）

4を3にして10もらう。

10を9にして10もらう。

10－5＝5

5を2の横に書きます。

2＋5＝7　＊○で囲む。

お次の計算♪？（十の位♪）

9－7＝2

最後の計算♪？（百の位♪）

3－1＝2

答えは？（227♪）

これらの後、リズムを付けて筆算の歌を一緒に唱える。

語りのポイント

たし算の筆算同様に、リズムに合わせて、楽しく計算の手順を教えていきたい。

「ひけません」「借りられません」のときに、×を手で作ってジェスチャーを付けると、より楽しい雰囲気になる。

2＋5を視覚的に捉えるため、○を付けるのも簡単で、指導がしやすい。

先行実践　川田啓輔サークルレポート

・右のQRコードからデータをダウンロードすると、筆算の歌を聞くことができます。

情報BOX

113 上の位から順に繰り下げる
★楽しく唱え、丁寧に筆算を書かせていく

ライター：山崎克洋

教室での語り

「1000−265」筆算を書きます。

最初の計算？

（一の位♪）

0−5はひけますか？

（ひけません）

10の位から借りられますか？

（借りられません）

100の位から借りられますか？

（借りられません）

1000の位から借りられますか？

（借りられます）

1を0にして10もらう。

10を9にして10もらう。

10を9にして10もらう。

10−5＝5

お次の計算♪？　（十の位♪）

9−6＝3

お次の計算♪？　（百の位♪）

9−2＝7

答えは？　（735♪）

これらの後、リズムを付けて筆算の歌を一緒に唱える。

		9	9	
	0	1̸0	1̸0	10
	1̸	0	0	0
−		2	6	5
		7	3	5

語りのポイント

筆算の単元では、一貫してリズムに合わせて楽しく唱えて教えていく。

4けたの計算、しかも繰り下がりが連続することで、間違いが増えていくところである。

丁寧に1つずつ繰り下げてノートに書いている子を取り上げて褒めていきたい。

 情報 BOX

・右のQRコードからデータをダウンロードすると、筆算の歌を聞くことができます。

114 4けたの数の筆算

★単元後半は多くを語らない。丁寧さが攻略の鍵

ライター：山崎克洋

教室での語り

「2483＋7156」

　ここまで3けたの筆算を繰り返し解いてきている子ども達にとって、やることは同じである。

　だからこそ、多くを語らない。

　「解きなさい」

　この一言で子ども達は解き始めることができる。

　その上で、子ども達に聞く。

　4けたになってもやることは？（同じです）

　「簡単だ、解けるんだ！」と思わせることも大切である。

$$\begin{array}{r} 2483 \\ +7156 \\ \hline 9639 \end{array}$$

$$\begin{array}{r} 7156 \\ -2483 \\ \hline 4673 \end{array}$$

「7156－2483」

　ひき算も同じである。

　ただし、繰り下がりのひき算の場合、けた数が多くなるだけで混乱する子は不思議と増加する。

　だからこそ、子ども達に次のように語る。

　「ひき算でもやることは？」（同じです）

　「ただし、丁寧に繰り下がりの補助計算を書きます。丁寧さが筆算攻略の鍵です」

語りのポイント

単元の後半にあたるこのページでは、多くを語らないことがポイントである。
とにかく丁寧に補助計算を書いている子を取り上げて褒めていきたい。
そのためにノートチェックは必須である。

情報BOX

・右のQRコードからデータをダウンロードすると、筆算の歌を聞くことができます。

115 重なりに注目して
★部分に色を塗らせ、長さを記入させる

原実践者：向山洋一／ライター：木村重夫

教室での語り

1mのものさしを2本使って、教室の入り口の高さをはかったら、下のようになりました。教室の入り口の高さは何cmですか。

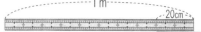

ものさしが重なったところから右側を、右手で隠してごらんなさい。

ものさしの左側が見えますね。

その部分を赤鉛筆で薄く塗りなさい。

赤く塗った部分の長さは何cmですか。ものさしの下に書きなさい。

80cmですね。

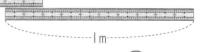

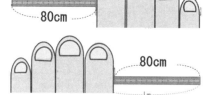

次は反対側。重なったところから左側を、左手で隠してごらんなさい。

ものさしの右側が見えます。

先生はこの後、何と言うと思いますか。そうです。赤く塗りなさい。

次に何をしますか。赤いところの長さを書きなさい。上が空いていますね。80cmです。

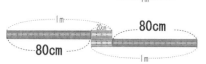

最後に図を見て、全体の長さを求める式を書きなさい。

式　80cm＋20cm＋80cm＝180cm

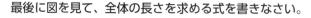

情報BOX

『向山型算数教え方教室』「向山型算数に挑戦34論文審査」向山洋一、明治図書、2004年9月号

116 巻き尺の測り方
★身近なものを測ってみよう

ライター：前崎　崇

教室での語り

1 長いものの長さの測り方と巻き尺の有用性

① 問1：「3歩でどれだけ進めるか記録会」

② 記録を測定する。

最初は1mものさしを使い、グループで自分たちの記録を測定。記録を測り始めると、「ものさしの数が足りない」「測りにくい」といった声が出てくるはず。ものさしの不便さを共有する中で、どのような道具があればいいのかをイメージさせる。

> **＜巻き尺の使い方＞**
> ○0の位置を合わせる。
> ○ねじらない。ピンと張る。
> ○使う分だけを出す。
> ○目盛りの読み方は、ものさしと同じ。

③ 新しい測定器具について考え、「巻き尺」を知る。

④ 歩数を5歩に増やし、巻き尺で記録を測定する。

2 丸いもの、曲がったものの長さの測り方

① 何の長さか予想する。

問2：運動場のどこの長さかな？
　ア　3m58㎝（銀杏の木のまわりの長さ）
　イ　5m25㎝（花壇の枠のまわりの長さ）

② ヒントを基に何の長さか見当をつける。

〈ヒント〉運動場の丸いもの、曲がったもの

③ 木や花壇等のまわりの長さを測定する。

ア、イだと思うもののまわりの長さを測ってみよう！

④ 巻き尺を使って、教室にあるもののまわりの長さを測定する。

語りのポイント

学校敷地の丸いもの、曲がっているものの長さを測定しながら、巻き尺の使い方の習熟を図ります。提示された長さから何の長さかを予測し、巻き尺で測定させます。木の幹のまわり等を測定することで「丸いもの、曲がったものの長さを測れる」という巻き尺の特徴に気づかせます。

情報 BOX 出典：宮本博規・緒方裕・瀬田浩明編著『365日の全授業（小学校算数3年上）』明治図書

117 きょりと道のり
★長い長さの問題に挑戦しよう

ライター：前崎　崇

教室での語り

① 授業の最初に各自が昨日調べた通学路の長さを確認します（1人1台端末を使う）。

② 問題を捉える。

道に沿った長さを「道のり」といいます。その後、略地図を渡す。どうやって道のりを求めましょうか？

③ 道のりを求める。

④ 道のりときょりの差を求める。

「きょり」とは、ドラえもんのタケコプターをつけて移動するようなものです。道路も家も池も森も飛び越えてまっすぐに進んだ長さです。

学校までタケコプターをつけて一直線に近道できたら、どれくらい近くなるかを考えます。

どんな言葉の式になりますか。

そうです。「道のりーきょり」のひき算で求めます。

⑤ 計算の習熟を図り、単位の関係などをまとめる。

略地図の他の地点の長さや、自分たちが調べた通学路の長さを使って、長さの計算問題を考えさせる。

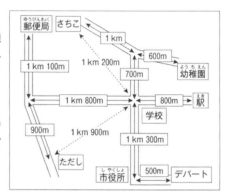

語りのポイント

③のときに繰り上がりで困っている子がいた場合は、すでにできている子に計算例などを発表させる。

④のときに繰り下がりで困っている子がいた場合も、例示させ、発表させ、個別指導に入る。

情報BOX　参考文献：宮本博規・緒方裕・瀬田浩明編著『365日の全授業（小学校算数3年上）』明治図書、P.112-113

118 1km50mは何mか？

★「単位のお部屋」を使って正確な答えを出させる

原実践者：木村重夫／ライター：桜沢孝夫

教室での語り

たかしさんの家からのりこさんの家までのきょりは、1km50mです。

1km50mは、何mですか。

正答は「**1050m**」だが、子ども達からは主に以下の2つの誤答が出る。

①　**1500m**　②　**1005m**

これらの誤答を防ぎ、正確に単位の換算をさせるために、下の「単位のお部屋」を使わせる。板書して示す。

「単位をかえるときに、間違えないためにこの『単位のお部屋』を使います。ノートに書きなさい」

教科書は「km」「m」の位置が上のことがあるが、下にある方が見やすい。また、「km」の横を「二重線」にすることで、子どもにより意識させることができる。

「単位をよく見て、『1km 50m』の『1』と『50』を『単位のお部屋』に書き込みなさい」

正しく書くと、右の真ん中のようになる。教師が板書して示すとよい。

「このままだとおかしいところがあるね。どこがおかしいですか」

「1」と「5」の間の空白に気付かせる。

「『1』と『5』の間に入る数字は何ですか。さんはい」

子：「0（れい）です」

「0を書き込みます。『km』を指で隠します。答えは何mですか。はい」

子：「1050mです」

同じように、「1085m」「2007m」などの「先生問題」で習熟を図る。

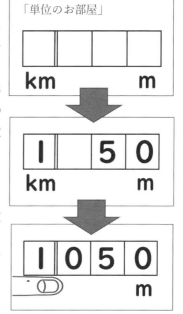

「単位のお部屋」

km			m

1		5	0
km			m

1	0	5	0
			m

119 ×がつくまで計算する
★基本型を徹底させることで、正確に計算できる

ライター：桜沢孝夫

教室での語り

　おはじきが14こあります。3人で同じ数ずつ分けると、1人分は何こになって、何こあまりますか。式を書きなさい。

　シンプルに指示を出し、式を書かせる。

子：式　14÷3です。

　「**何の段の九九を使えば求められますか**」

　子：わる数の3の段です。

　「**わる数の3にそろえて、3の段の九九を書きます。3×1＝3、まだ分けられますか**」

子：分けられます。

　「**わられる数の14より大きくまで、3の段の九九を書いていきなさい**」

　ここで「先生、3×5まで書かなくてもできます」などと言う子がいるかもしれない。

　「**今日は最初のお勉強です。最後まで書きます**」

　最初はきちんと書かせる。慣れれば、ここまで書かなくてもできるようになる。

子：3×5で14より大きくなりました。

　「**3×5＝15に×を書きなさい**」

　「**3×4の『4』に〇を書き、矢印と答えを書きます**」

　「**3×5＝15に×を書きなさい**」

　そして、上記の（基本型）のように「あまり」を計算させる。

　最後に「1人分は4こになって、2こあまる」と答えを正しく書かせることもポイントである。

（基本型）
```
 14÷3=4あまり2
-12    3×1=3
  2    3×2=6
       3×3=9
       3×④=12
       3×5=15
```

```
14÷3
       3×1=3
       3×2=6
       3×3=9
       3×4=12
       3×5=15
```

```
14÷3=4
       3×1=3
       3×2=6
       3×3=9
       3×④=12
       3×5=15
```

語りのポイント

＊厳しく言う必要はないが、毅然とした態度で語ることが大切。

120 「あまりすぎ」に注意
★正しいように見えるものの間違いに気付かせる

ライター：桜沢孝夫

教室での語り

　色紙が22まいあります。1人に3ま
いずつ分けると、何人に分けられて、
何まいあまりますか。式と答え、たし
かめの計算も書きなさい。

　すると、子ども達から右の2通りの
答えが出ることがある（答え略）。

　どちらもたしかめの計算（検算）の
答えはわられる数の「22」であり、正

$$①式　22÷3=6あまり4$$
$$3×6　+　4=22$$

$$②式　22÷3=7あまり1$$
$$3×7　+　1=22$$

しく見える。しかし、ここで教師が説明してしまうと、子ども達の知的な発見の
機会を奪うことになる。

　①と②で、正しいものはどちらですか。理由
も言いなさい。

子：①は正しいと思います。理由は、たしかめ
　　の計算の答えが「22」になっているからで
　　す。

子：②が正しいと思います。理由は、たしかめ
　　の計算の答えはどちらも「22」ですが、①
　　はあまりが「4」で、わる数の「3」より大き
　　いので正しくないです。

> あまりが4ならば、色紙をもう1人の人に3
> まい配れますよね。もう一度、言われたとお
> り、習ったとおりに計算し直してみましょう。

　教師が上記のように語り、改めて、前項「119
×がつくまで計算する」のとおりに計算し直し
（右図）、答えが②であることを確認する。

語りのポイント

＊わり算の学習に慣れてきたころ
に起こる間違いである。習った
とおりに計算することを改めて
語る。

$$式　22÷3=7あまり1$$
$$-21　　3×1=3$$
$$3×2=6$$
$$3×3=9$$
$$⋮$$
$$3×⑦=21$$
$$\cancel{3×8=24}$$

121 一目でわかる図をかくには
★図をかかせることで、答えを確定させる

原実践者：向山洋一／ライター：桜沢孝夫

教室での語り

おかしが23こあります。1箱に4こずつおかしを入れていきます。

全部のおかしを入れるには、箱は何箱あればよいでしょうか。

子ども達から出る考えは、だいたい以下の3通りである。

① 　式　23÷4＝5あまり3　　答え　5箱あまり3こ

② 　式　23÷4＝5あまり3　　答え　5箱

③ 　式　23÷4＝5あまり3　　答え　6箱

子ども達に検討させると、「『あまりを求めなさい』と書いていないから」など
の意見が出て、まず①が消える。しかし、②と③は答えがはっきりしない。そこ
で、向山洋一氏の語り（指示）を行う。

> **式を書いても構いません。計算を書いても構いません。絵を描いても構い**
> **ません。イラストでもいいです。何でもいいですから解き方をかいて先生へ**
> **持ってきてください。先生はそれに100点とか50点とかの点数をつけます。**
> **答えがあっているかどうか、そこだけを見るのではなくて、考えが先生にわ**
> **かるかどうか、そこを判断します。**

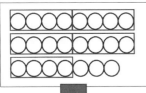

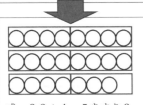

式　23÷4＝5あまり3
　　5＋1＝6　答え6箱

評価の観点は、以下が考えられる。

〇あまりの3こを扱っているか。

〇丁寧にわかりやすくかけているか。

〇図と式を結びつけるなど、1つではなく複数
**　のことを扱っているか。**

例えば、左の図のようにわかりやすくかけてい
れば100点とする。ポイントは問題文にある「全
部のおかしを入れるには」である。「5箱」では全
部のおかしが入らない。「6箱」、つまりあと1箱
が必要となる。こうして答えを確定させることで、
子ども達も納得する。

122 1万より大きい数
★リズムよく唱え、作業も入れることで読みやすくなる

ライター：赤塚邦彦

教室での語り

「３２４６５」と5桁の数を板書する。

「今まで習った千の位よりも大きい数のときは、このように区切って読むと読みやすくなります」

「一（いち）十（じゅう）百（ひゃく）千（せん）区切って、万（まん）」

このように唱えながら例示する。

「黒板の方に指を出してごらんなさい。数字は指でさし、『区切って』のところは縦に動かし読みます」

全員で読ませた後は、男の子だけ、女の子だけ、列ごと、班ごと、1人ずつなど様々なバリエーションで読ませる。飽きさせないことが大事だ。

「あとは書いてあるとおり、素直に読むだけです。読める人？」

「3万2千4百6十5」

「すばらしいなあ。念のため、ノートにも書いてごらんなさい」と指示を出し、できた子から持ってこさせ、板書させる。

同じ流れで千万の位までも扱い、リズムよく唱え、作業することで定着させる。

語りのポイント

① 5桁の数を書いた後、位の名前を書くところは普通のテンポで読む。「区切って」のフレーズの時にテンポをわざと落とす。

② 「区切って」の後、子ども達の方に一度視線を送ってから「万」と言い、板書する。

情報BOX

原実践：群馬県松島博昭主催の算数学習会

どなたの実践であったかは、定かではないが、松島博昭氏の算数学習会で教えていただいた方法である。毎週、算数に特化した学習会をオンライン上で開催し、様々な学年の実践を知ることのできる場である。

123 大きな数の読み方（十万、百万、千万、一億）

★お金を使うことで、具体的なイメージをもたせる

原実践者：向山洋一／ライター：赤塚邦彦

教室での語り

1円玉10枚を出し、「1円が何こで10円になりますか」と問う。「10こ」とすぐに返ってくる。

「そうですね。では本当に10枚か数えてみましょう」と実際のお金を数える。

同じように10円10枚、100円10枚を提示しながら進める。

「校長先生から借りてきました」と1000円札を10枚出す。子ども達は興奮する。

| 板書 1000円札が□枚で 10000円 |

「1000円札が何枚で10000円ですか」「10枚」とすぐに返ってくる。お金を使うことで「10倍」のイメージがぐっとしやすくなったところで、これ以降も進める。

| 板書 1万円札が□枚で 10万円 |

これは実物を用意するのが難しいかもしれない。イラスト図などで示すとよい。

「10こ集まると、位が1つ増えるのですね」

ここまで具体的に扱ったところで、教科書に入り、「10万を10こ集めた数を100万」、「100万を10こ集めた数を1000万」、「1000万を10こ集めた数を1億」と教える。

```
1円が10こ   で10円
10円が10こ   で100円
100円が10こ   で1000円
1000円札が10枚 で10000円
1万円札が□枚 で10万円
```

10万円

語りのポイント

①実物のお金を用意することである。子どもはお金で考えるとできることが多い。実物を用意することでイメージしやすくなるからだ。

②お金を出すときに、教師が楽しそうに行うとより盛り上がる。

情報BOX 原実践：向山洋一『向山型算数教え方教室』明治図書、2003年5月号、P.52-53
向山型算数に挑戦42論文審査の中での向山洋一氏の指導が紹介されている。何倍かわからない子どものために実物のお金を用意したと書かれている。その他にも抽象化された世界をイメージさせるために列車を扱うということの記述もある。

124 大きな数と数直線

★10等分した数直線を与え、0を1つ取ると1目盛りと教える

ライター：赤塚邦彦

教室での語り

「大きな数を勉強するときに、数字だけを見ているとよくわからなくなることがあります。そのようなときに役に立つのが、このような数の線です。数の線を実際に数えることで、少しずつイメージがしやすくなるのですね。このような数の線を数直線といいます。言ってごらん」

「例えば、次のような問題があったとします」

問題：100万を10に分けた1つ分の大きさは何ですか。

「この問題を考えるようなときに、頭で考えるより、数直線を使ったほうが考えやすくなります」

「0から100万の数直線があります。0から100万、いくつに分かれていますか」「10に分かれていますね、念のため、数えてごらんなさい」

「10に分かれているので、100万から0を1つ取った数になります。100万から0を1つ取った数はいくつですか」

「10万ですね。0から10万とびで数えてごらんなさい」

「大きな数が出てきたときには、このように数直線で考えるとわかりやすくなります」

語りのポイント

学級の実態によって、数直線に慣れさせるために以下の助走問題をしてから問題に入る場合もある。
① 0、10、真ん中は？　5ですね。このとき1目盛りは？（1）
② 0、100、真ん中は？　50ですね。このとき1目盛りは？（10）

情報BOX

「数直線」という用語は、第3学年ではじめて出てくる用語である。確実に覚えさせたい。はじめて出てくる用語ではあるが、第1学年、第2学年では「かずのせん」という用語で既習事項である。特に第2学年でも、1目盛りを問う学習がなされているので、系統的な指導を進めたい。

125 等号＝、不等号＞＜
★ワニが口を開いている図を使い、イメージをもたせる

原実践者：西田克裕／ライター：赤塚邦彦

教室での語り

「いきなりですが、ワニは大きい方の数字を食べます」と言い、口の開いたワニの絵を板書する。

600万と200万を板書する。

「ワニはどちらを食べますか」と問う。「600万」と子どもは答える。「そうです。だから、口は600万の方を開きます」と解説する。

「毎回、ワニの絵を描くと大変なので、このような記号（＞）を書きます」

「600万は200万よりも大きい」と読みます。

600万	🐊	200万
600万	＞	200万
300万	🐊	300万
300万	＝	300万

「では、このようなときは、どうなるのでしょうか」と言いながら、300万を2つ板書する。

「ワニはどちらを食べますか」と問う。「両方食べます」「どちらも食べません」

「困った」などの答えが出る。

「このようなとき、ワニはどちらも食べません。だから、口を開かない。記号は＝となります」

「300万と300万は同じです」と読みます。

90000－50000と30000を比べる問題もあるが、計算させた後にワニを登場させる。

語りのポイント

学級の実態によっては、以下のような簡単な数値を示してから、導入することもある。

「ワニはどちらを食べますか」

2 □ 3

情報BOX　原実践：西田克裕（『算数教科書教え方教室』明治図書、2013年10月号、P.56-57）
原実践は、「算数教科書教材に挑戦167論文審査」に掲載されている新潟の西田先生の実践である。ワニの口であれば、現代の子でもわかると思い、追試した。

126 筆算の仕方
★2けたの数×1けたの数の筆算は分けて考える

原実践者：久野歩／ライター：小島庸平

教室での語り

※枠内は板書

1 23×3の計算

2 たてに位を揃えて書く。

3 （十の位を隠して）一の位。三三が9。

4 （一の位を隠して）十の位。三二が6。

5 合わせて69です。

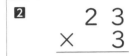

　一番初めの指導が大切である。

　たてに位を揃えて書くこと、筆算の線は定規で丁寧に描くことを教え、確認する。

　これらができるだけで今後の計算ミスが減る。

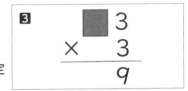

　では、声に出して言いましょう。

　23×3の計算。（子：23×3の計算）

　たてに位を揃えて書く。（子：たてに位を揃えて書く）

　一の位。三三が9。（子：一の位。三三が9）

　十の位。三二が6。（子：十の位。三二が6）

　合わせて69です。（子：合わせて69です）

　23を20と3に分けると、九九を使って簡単に計算できますね。

語りのポイント

一時に一事で示していく。
子ども達に言わせる場面では、①教師の後について、②子ども達だけで、③男子だけで、④女子だけで言わせる等、変化をつけて繰り返し言わせたい。

情報 BOX

位を隠すのではなく、23×3の3から23にそれぞれ矢印を書いて手順を見える化させる方法もある。作業量が増えるため、ノートを持って来させるなど、確実にできているか確認が必要である。
矢印を書かせる実践は『「算数」授業の新法則〜3年生編』学芸みらい社、P.66に詳しい。

127 筆算の仕方

★3けたの数×1けたの数の筆算も分けて考える

ライター：小島庸平

教室での語り

※枠内は板書

1 213×3の計算

2 たてに位を揃えて書く。

3 一の位。三三が9。

4 十の位。三一が3。

5 百の位。三二が6。

6 合わせて639です。

　画用紙などで位の数字を隠して示す。

　位取り、筆算の線を定規で丁寧に引かせることは、2けたの数×1けたの数のかけ算の筆算と同様に徹底させたい。

　では、声に出して言いましょう。

　213×3の計算。（子：213×3の計算）

　たてに位を揃えて書く。（子：たてに位を揃えて書く）

　一の位。三三が9。（子：一の位。三三が9）

　十の位。三一が3。（子：十の位。三一が3）

　百の位。三二が6。（子：百の位。三二が6）

　合わせて639です。（子：合わせて639です）

　計算する数が増えても位に分けて計算することで、九九を使って計算ができますね。

3

4

5

$$
\begin{array}{r}
2\,1\,3 \\
\times 3 \\
\hline
6\,3\,9
\end{array}
$$

語りのポイント

一時に一事で示していく。
子ども達に言わせる場面では、①教師の後について、②子ども達だけで、③男子だけで、④女子だけで言わせる等、変化をつけて繰り返し言わせたい。

情報BOX　2けたの数×1けたの数のかけ算の筆算と同様に、矢印を書いて手順を見える化させる方法も有効である。
作業量は増えるが、学級の子ども達の実態に合わせて対応させたい。手順が定着したら、より多くの問題を解かせてたくさん技能化させていく。

128 わり算の考え方
★60÷3は、10をもとに考える

原実践者：福原正教／ライター：小島庸平

教室での語り

160枚の折り紙を3人で同じ数ずつ分けます。1人分は何枚になるでしょうか。

※枠内は板書

2式を書きます。

（子：60÷3です）

5 6 ■ ÷ 3

360÷3の60は何のことですか。

（子：折り紙の枚数です）

6 60 ÷ 3 = 20

460÷3の3は何のことですか。

（子：人数です）

510をもとに考えます。10が6つあると考えて60の0を指で隠します。

6÷3はいくつですか。

（子：6÷3は2です）

語りのポイント

計算の仕方を身に付けることに加え、式の意味も理解を促すための発問をする。計算の仕方を定着させるため、手順を唱えさせる。

6指をとって、答えに0を付けます。

60÷3はいくつですか。

（子：60÷3は20です）

次のように計算しましょう。60÷3の計算。

（子：60÷3の計算）60÷3は（隠す）、

6÷3 = 2なので20です。（子：6÷3 = 2なので20です）

情報BOX
計算の方法だけでなく、問題の意味も考えさせたい。
問題文を読んだ後、ノートに折り紙の束の絵を描かせる。「10の束にして考えます」「6束÷3なので」と説明することで単純な計算方法を教えるだけでなく、問題をよく考えることにも繋がる。

129 わり算の考え方
★位ごとに計算する

原実践者：福原正教、木村重夫／ライター：小島庸平

教室での語り

※枠内は板書

1 3個で36円のガムがあります。ガム1個分は何円ですか。

2 式を書きなさい。

（子：36÷3です）

3 位を分けて、36を30と6に分けます。

4 わり算の式が2つできます。何と何ですか。

（子：30÷3と6÷3です）

5 式と答えを書きなさい。

（子：30÷3＝10、6÷3＝2です）

6 10と2を合わせて12です。

このように**位ごとに分けて考える**と、簡単に計算することができます。自分でもう一度やってごらんなさい。

3
```
3 6 ÷ 3
3 0
    6
```

4
```
3 6 ÷ 3
3 0 ÷ 3
    6 ÷ 3
```

5
```
3 6 ÷ 3
3 0 ÷ 3 ＝1 0
    6 ÷ 3 ＝  2
```

6
```
3 6 ÷ 3
3 0 ÷ 3 ＝1 0
    6 ÷ 3 ＝  2
            1 2
```

語りのポイント

テンポよく、褒めながら進めていく。式が書けているか、位を分けて書けているかなど確認する。最後に自分の力でやらせ、丸を付けて褒めてやる。

情報BOX 教科書には上記のように位ごとに分けて計算する方法と、九九を使い同じ数ずつ足し算していく方法が載っている。教科書のページを一通り扱ってから、型を身に付けさせるとよい。

130 84㎝の4分の1と88㎝の4分の1の長さが違うのはなぜ？
★例示して、もとの数の大きさに着目させる

ライター：宮森裕太

教室での語り

教師「青色のテープ84㎝の4分の1の長さを求めます。式をノートに書きなさい」→84÷4

教師「計算しなさい」→84÷4＝21　答え21㎝

※テープ図に21㎝と書き込む

教師「黄色のテープ88㎝の4分の1の長さを求めます。式をノートに書きなさい」→88÷4

教師「計算しなさい」→88÷4＝22　答え22㎝

※テープ図に22㎝と書き込む

教師「同じ4分の1なのに長さが違うのはなぜですか？『もとの長さは…』の『…』にどんな言葉が入りますか？　ノートに書きなさい」

→もとの長さは、84㎝と88㎝で長さが違うから

教師「そうです。同じ4分の1でも、もとの数が大きければ大きいほど、長さは長くなります。例えば、校舎の大きさの2分の1と、みんなの身長の2分の1では、同じ2分の1でも校舎の方が大きいよね。このように同じ分数でも、もとの大きさが大きいほど長さは長くなるんだね」

語りのポイント

＊テープの問題では、それぞれの4分の1の長さを書き込み、長さを比べさせることで、もとの数に注目させる。

＊校舎と子どもの身長を比べて同じ2分の1でも、もとの大きさが大きければ長さは長いことを例示することで理解しやすくなる。

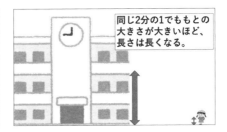

同じ2分の1でももとの大きさが大きいほど、長さは長くなる。

84cm
21cm
88cm
22cm

同じ4分の1でももとの数が大きければ大きいほど、長さは長くなる。

131 円のおもしろエピソード
★円は無限角形？

ライター：溝口佳成

教室での語り

（三角形の描かれたプリントを見せて）この形は何ですか。三角形ですね。

では、この形は？　四角形。

どんどん、角を増やしていきます。五角形、六角形…

この形は十角形。だんだん、どんな形になっていきますか。

（子：○の形に近づいていく）

正十角形

もっと点をたくさん打って、〇に近い形をノートに描いてみましょう。

中央に点を打ちます。そこから5㎝のところに、いっぱい点を打ってみましょう。時間は5分間です。

（5分後に）そこまで。では、今打った点を順に結んでいきましょう（数名のノートを、スクリーンに映す）。

1つの点から、同じ距離にある点を次々結んでいくと、円ができてきます。円に近づいてきます。1つ1つの角が見えなくなるくらいのたくさんの点を打っていけばいくほど、きれいな円に見えてきます。そのため、円を「無限角形」という人もいます。

けれども、これだけの量の点を毎回打つのは大変ですね。そこで、押しピンと厚紙と鉛筆で、簡単に円が描ける道具を作りました。今のコンパスの原型ですね。

がびょうをおさえて

紙といっしょに
えんぴつを回す

語りのポイント

時間を取って、作業させる時間を取りましょう。たくさん点を打つことで大変さを実感させ、コンパスにつなげます。

132 円・円の中心、半径
★輪投げゲームをもとに考える

原実践者：久野歩／ライター：溝口佳成

教室での語り

　8人の子ども達が、輪投げのゲームをすることにしました。ここに棒を立てることにします。（中央に●）子ども達は、こんなふうに並びました（図1）。やり始めて、何人かが、「不公平だ！」と言い始めたんです。何がいけなかったでしょうか。(子：端っこにいる人たちが、中央の棒から遠い)

　では、少し投げる位置を変えてみましょうか。棒の周りを、みんなで取り囲むようにしてましょう（図2）。これなら、だれからも文句出ませんよね。(子：まだダメ。四隅にいる子は、他の子よりもまだ遠くなってる)

　じゃあ、どの子にとっても公平にするにはどうしたらいいだろう。だれか黒板で書き直してもらおう（図3）。こんなふうに並ぶと、みんなが公平に輪投げができるようになりますね。

　ところでこの形、見ていて何かの形に似ていると思いませんか？　〇の形に似ていますね。このように、1つの点から、同じ距離にたくさん点を打ったときにできる形を、「円」といいます。言ってごらん。

　このときの、輪投げの棒を「円の中心」、棒と人の距離を「半径」といいます（図4）。

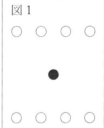

図1

図2

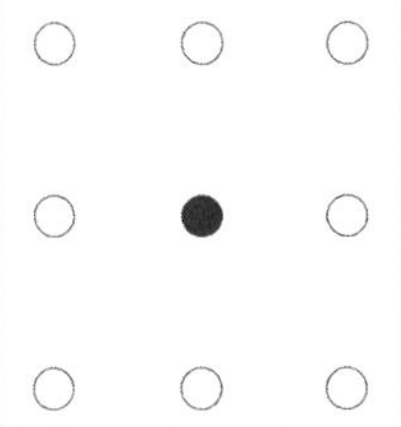

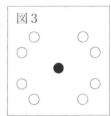

図3

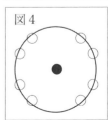

図4

語りのポイント

黒板に図示しながら、子どもとやり取りしながら描いていく。

133 直径・円の中心の見つけ方

★円を与え、試行錯誤させながら中心を見つけさせる

原実践者：久野歩／ライター：溝口佳成

教室での語り

（子ども達に円の描かれたプリントを配る）

　このプリントには、円が描かれています（図1）。でも、中心はどこなのかがわかりません。時間を取るので、中心はどこか、探してみましょう。

　（時間を取ってから発表させる。「見たかんじで点を打つ」、「とりあえず線を引いてみる」など、いろいろと発表させる）

　見た目で点を打っても、正確ではないですね。ヒントを出しましょう。

　「はさみ」を使います。（ここで再度時間を取る）

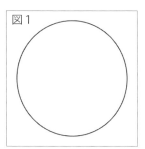

図1

　円の中心の見つけ方です。まず、線に沿ってきれいにはさみで切ります。できた円をきれいに半分に折ります。もう1回折ります。そして広げます。すると、2本のすじができて、交わっているところができますね（図2）。ここが中心になります。

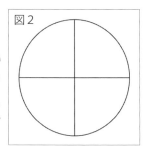

図2

　半径を1本だけ引いてみましょう。端から中心までの長さを「半径」といいましたね。さらに中心をこえて、そのまままっすぐ線を引きます。反対側までぶつかりました。

　このように、円の端から中心を通って、反対側の円の端に出てきた、この長さを「直径」といいます。直径は、半径の2つ分の長さとなります。

語りのポイント

子どもに試行錯誤させるだけの時間を用意しておく。いきなり正解を述べてしまうのではなく、いろいろ考えさせてから答えを提示する。

134 コンパスを使った円の描き方

★円をかかせる前に、使い方をチェックする

原実践者：久野歩／ライター：溝口佳成

教室での語り

今日は、コンパスで円を描く学習です。知っての通り、コンパスの先の針は鋭いです。これで、人や物を傷つけるようなことは絶対してはいけません。守れる人だけ取り出しなさい。

① まずは、コンパスの足を少し開けて、頭を持って軽く振ってみましょう。コンパスが開いたり閉じたりしていませんか。振ってみて、コンパスが動いてしまう場合、ねじがゆるんでいるという証拠です。これではうまく描けませんので、先生のところに持っていらっしゃい。ねじを締めなおします。

② では、コンパスの頭を親指と人差し指でつまみます。コンパスの空描きです。ねじるようにしてコンパスをくるくる回してごらん。1回ねじって2回転くらいできたら大丈夫です。

「くるんパス」
力を入れなくても円が描けます。

③ では、実際にノートに描いてみましょう。新しいページを出します。下敷きは必ず外します。針が刺さらなくなります。まずは、マス目3つ分の半径の円を描きます。ノートの中央に針を置いて。鉛筆が、時計の4時の位置（右利き用。左利きの子は8時）に来るようにしなさい。それで、ねじるようにして描いてみましょう。

語りのポイント

説明だけでなく、さらにそこから個別支援も必要。必要に応じて上記の「くるんパス」なども紹介するとよい。逆に早くできた子は、中心を変えずに半径4マス分、5マス分…の円を描かせて時間調整を行う。

情報BOX

参考：『算数教科書教え方教室』2014年5月号、久野歩論文

135 コンパスで模様を描こう

★巻き戻しスモールステップでイメージを持とう

原実践者：岩本友子／ライター：溝口佳成

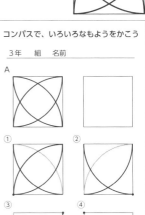

教室での語り

教科書を見ましょう。コンパスで描かれた模様があります。

今日は、同じ模様を描いてみましょう。

プリントを見ます。「円のもようをかこう」というプリントです。

①と書かれた図を指さしなさい。1か所だけ、薄くなっている線があります。指でなぞってごらんなさい。この部分は、どこにコンパスの針を置いたら描けるでしょう。指を置いてごらん（黒板上の図で確認）。では、針を置いて描いてみましょう。

②では、今描いた線が消えて、別のところが薄くなっています。まずは薄い線をコンパスでなぞりましょう。どこに針を置きますか。わかったらコンパスでなぞりなさい。①と同じ形になりましたね。完成させるには、コンパスをどう使ったらいいかわかりますね。描いてみましょう。

③・④とありますが、同じように、どこにコンパスの針を置くかを考えて模様を完成させましょう。

④までできたら、Aの右の四角に自分で模様を描きましょう。

コンパスで、いろいろなもようをかこう

3年　　組　名前

A

①　　②

③　　④

語りのポイント

プリントを拡大したものを実際に用意して、子ども達に見せながら描かせる。要領がわかれば子ども達も描けるようになる。

情報 BOX

参考：『算数教科書教え方教室（向山型算数教室）』2003年10月号、岩本友子論文

TOSSランド　https://land.toss-online.com/lesson/52IHDdaqMMPVt03AK2FD

QRコードを読み取ると、TOSSランドの「巻き戻しスモールステップ」のページに飛びます。

136 コンパスで長さをうつしとる
★先生問題で、苦手な子どももできるようになる

原実践者：夏井圭太郎／ライター：徳本孝士

教室での語り

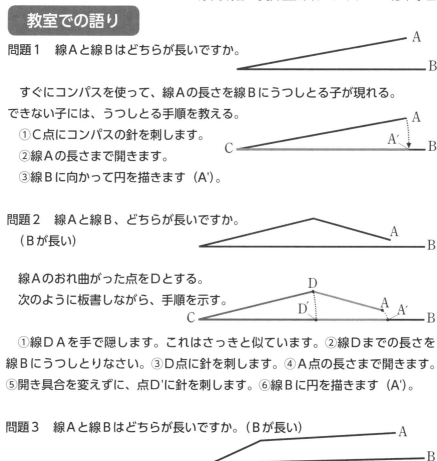

問題1　線Aと線Bはどちらが長いですか。

　すぐにコンパスを使って、線Aの長さを線Bにうつしとる子が現れる。
できない子には、うつしとる手順を教える。
　①C点にコンパスの針を刺します。
　②線Aの長さまで開きます。
　③線Bに向かって円を描きます（A'）。

問題2　線Aと線B、どちらが長いですか。
　（Bが長い）

　線Aのおれ曲がった点をDとする。
　次のように板書しながら、手順を示す。

　①線DAを手で隠します。これはさっきと似ています。②線Dまでの長さを
線Bにうつしとりなさい。③D点に針を刺します。④A点の長さまで開きます。
⑤開き具合を変えずに、点D'に針を刺します。⑥線Bに円を描きます（A'）。

問題3　線Aと線Bはどちらが長いですか。（Bが長い）

　この後、教科書の例題を解く。自分で解かせる。

情報 BOX　うつしとる手順はわかっても、テストの問題になると、長さを比べる問題だということがわからない子がいる。先生問題を出して、細分化して教えることで、理解しやすくなる。先生問題は、あらかじめ、プリントにして子どもに配付するとよい。

137 球の人間
★学習の終わりに、子どもをひきつける知的な語り

ライター：徳本孝士

教室での語り

球の学習の終わりに使える、子ども達の興味をひきつける語り。

「今から2500年前、ギリシャにプラトンという人がいました。

プラトンさんは、はるか昔、人間は、球であったと言っています。球の人間は力をもって、やがて自分達は神様よりも強いのじゃないかと勘違いし、神様に挑戦をします。

教材室にある球の模型

神様は、怒って、球を真っ二つに切ってしまいます。

それ以来、片方は男、片方は女となって、別れた相手を探しているといわれています」

この語りとともに、授業では、学校にある球の模型を提示したり、球の発泡スチロールを実際に発泡スチロールカッターで切って実物を子ども達に見せることで、わかりやすく、楽しく授業を進めることができる。

語りのポイント

インターネットで画像検索をすると、球体の人間も出てくるが、美しくない。子ども達の思い描く球体を大切にするために、教師の語りだけで進めていくのがおすすめである。

情報BOX

『饗宴』プラトン著（岩波文庫）に収録されている。アリストファネスが話している。故・中島らものエッセイの中で、男女の美しいイメージとして取り上げている。
プラトンの著作には、他にも『メノン』には、8㎠の正方形の描き方の問答など、授業で使える知的な語りのネタがある。

138 1より小さい数の表し方（小数・小数点）
★数の歴史から単元に入り興味をもたせる

原実践者：向山洋一／ライター：川田啓輔

教室での語り

　数。数は、人間が長ーい歴史の中で発明したものです。

　数は、はじめは1と2しかありませんでした。1と2、それ以上、いっぱい！

　3がわかる人がいたら天才です。（えっ）4、5、6がわかる人がいたら超天才でした。（えー！）みなさんは4、5、6、わかりますよね？　超天才です！

　人類はもっと大きな数もわかるようになりました。10、20、30、40、50。100や1000など数をまとめて数えられるようになりました。

　でも、困ったことがありました。1より小さい数をどうしようか？

　ここに羊羹があるとして、「羊羹半分あげるよ」と言った時、これをどう表そう？「2個に分けた1個だから、2個に分けた1個と書こう」となりました。

　何ができましたか？（分数）その通り！

　もう1つ考えました。数は1、2、3、4、5、6、7、8、9、10、次に、11、12、13、と10ずつ上がっていきますね。

　10個ずつ上がっていくから、1より小さい数も10個ずつ区切って表そう、1を10個に分けた1つ分（板書「0.1」）、何と読みますか？（れいてんいち）その通り！

　「小数」というものができました。

　では、教科書の数字を読んでみよう。

語りのポイント

＊壮大な歴史を語るように、子どもとやりとりをしながらゆったりと行う。数の歴史を知ることで単元に興味をもつ子が増える。知識を獲得するごとに「昔の人よりもずーっと頭が良くなったね！」と伝えていく。

情報BOX 原実践：向山洋一『4年算数「小数」』（授業CD）教育技術研究所
紙幅の関係で大幅にカットしたが、向山氏の語りはとても壮大だ。「地球の歴史からすれば人類の歴史はごく最近」「1か2しか分からなくても羊を数えられた」「インドで発明された0」「0の意味」「計算機（そろばん）」など多岐にわたり、数に興味をもたせるようにさせている。

139 小数と長さ（ものさしの目盛り）
★スモールステップで長さの小数を教えていく

ライター：川田啓輔

教室での語り

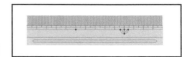

（＊実物か画面提示でものさしを見せる）

1cmは、1mm何個分ですか？（子：10個分）

1mmは、1cmを10等分した1個分の長さで「0.1cm」です。言ってみましょう。さんはい。（0.1cm）（＊板書「1mm＝0.1cm」）

2mmは何cm？（0.2cm）、3mmは？（0.3cm）、4mmは？（0.4cm）、5mmは？（0.5cm）（＊板書しながら聞いていく）

では、10mmは？（0.10cm（れいてんじゅうせんちめーとる）。あれ？）

0.1、0.2、0.3、0.4、0.5、0.6、0.7、0.8、0.9…、これは1.0（いってんれい）と言います。1cmのことです。1mm＝0.1cm、10mm＝1.0cm、ノートに書きなさい。

では、教科書を見てみましょう。

ものさしにテープが乗っています。

cmの数字を書きます。

一番小さい1mm、それは何cmですか？

（0.1cm）

そうですね、0.1と書いておきなさい。

では、テープは何cmですか？

（8.7cm）

その通り！　このように、長さを小数で表すこともできます。

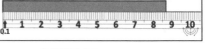

語りのポイント

＊ものさしは子どもに馴染みがない。いきなり教科書の問題に取り組ませる前に、復習の意味も含めて、スモールステップで一緒に確認していく。

＊竹ものさしには目盛りが無いので書き込ませ「見える化」する。

情報BOX　物差しと定規の違い。物差しは字の通り「物の長さを差しはかる」、目盛りがついた長さをはかる道具。定規は直線や曲線を引くのに使う製図道具。今では定規にも目盛りがついており、区別があいまいになってきている。それでも、「自分の物差しで人を判断する」とは言っても、「自分の定規で人を判断する」とは言わない。多湖輝『頭のいい子が育つパパの雑学』角川出版

140 小数と数直線
★変化ある繰り返しで10等分の仕組みを教える

ライター：川田啓輔

教室での語り

（板書しながら）ここが0、ここが10、では真ん中は？（挙手した子を指名）（子：5です）正解！　10等分しました。1目盛はいくつですか？（挙手指名）

では（板書の5と10を消す）、ここが0、ここが100、真ん中は？（挙手する子が増える）（子：50）。

では、1目盛りは？（子：10）すごいなぁ！

先生は次にどうすると思いますか？

（子：1000にする！）そう思った人？　その通り！

ここが0、ここが1000、真ん中は？　わかる人で言ってみよう、さんはい。（子：500）1目盛りは？

さんはい。（子：100）とってもよくできました。

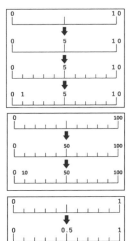

（板書の500と1000を消して）ここを1にします。1を10等分しました。

真ん中は？（子：0.5）

では、1目盛りは？（子：0.1）

数えてみよう。0.1、0.2、0.3（省略）、0.9、1。1を10等分すると、1つ分は0.1になるんですね。

では、教科書の問題をやっていきましょう。

語りのポイント

＊はじめはわかる子に指名をし、「あ、そういうことか」と理解する子が増えてくるように組み立てていく。「先生は次に○○？」と予想させることで盛り上がっていき、楽しく行うことができる。

情報BOX　「小数の加法及び減法の計算は、（中略）小数の仕組みの理解の上に立って行うようにし、整数と同じ原理、手順でできるようにすることが大切である」（**小学校学習指導要領解説　算数編**）。小数の数直線の指導も「これまでに学習した整数と同じ原理」と理解させることが単元の大切なポイントとなる。

141 小数のしくみ（小数第一位）
★指名しながらテンポよく進め内容に入っていく

原実践者：向山洋一／ライター：川田啓輔

教室での語り

　（147.2を板書）147.2。（7を指して）ここに7という数字があります。この場所を何の位といいますか？　わかる人は手を挙げなさい。○○さん（一の位）

　（4を指しながら）この4は何の位ですか？　○○さん（十の位）

　（1を指しながら）この1は何の位ですか？　○○さん（百の位）

　ここまでをノートに写しなさい。

　問題を変えます。7は、何を7個合わせた数でしょうか？

　全員起立、わかった人は座りなさい。はい、○○さん（1を7個）その通り！

　4は何を4個合わせた数でしょうか？　○○さん（10を4個）

　1は何を1個合わせた数でしょうか？　みんなで、さんはい（100を1個）

　では、この「.2（てんに）」、何を2個合わせた数かわかる人？○○さん（0.1）同じ人？　天才だなぁ！　この「.2」にも、一の位、十の位、百の位のような名前がついています。それを「小数第一位」といいます（板書する）。言ってみましょう。（小数第一位）小数の一番目の位、ということです。

　「小数点」と一緒に、ノートに書きなさい。3年生ではここまでですが、実は続きがあります。予想してごらん。（小数第二位、小数第三位）すごい！　4年生のお勉強です。

```
1 4 7 . 2
百 十 一
の の の
位 位 位
```

```
1 4 7 . 2
百 十 一 小 小
の の の 数 数
位 位 位 点 第
              一
              位
```

語りのポイント

＊既習である簡単な内容もテンポよく指名して進めていくことで、全体を巻き込みながら授業することができる。

＊子どもは先に学習できることを好む。「これは○年生の勉強です」と伝えると意欲が高まる。

情報BOX　原実践：向山洋一（デジタルアーカイブシリーズ4年小数のかけ算とわり算）
向山氏は『小数のわり算』の商を概数にする復習としてこの流れをされ、この後に概数の方法を確認していた。他にも、「7」だけ板書し、「読める？」と問い、さらに「47」と数を付け足して読ませていく流れもある（東京都の千葉雄二氏の実践）

142 2.9と3ではどちらが大きいか
★位を縦にそろえ空位を補うとわかりやすくなる

原実践者：向山洋一／ライター：川田啓輔

教室での語り

（板書しながら）2と3、どちらが大きいですか？（3）

2.9と3、どちらが大きいですか？（3）

どうすれば一目で大きさがわかるようにできる？（位をそろえて書く）

そう書くとわかりやすいね。2と3、縦にそろえてノートに書きます。

どちらが大きいですか？　3ですね。

2.9と書きます。3はAとB、どちらに書きますか？　Aだと思う人？　Bだと思う人？　Aですね。Aの場所に3を書きます。

3の右に数字が隠れています。何を書けばいいですか？（小数点と0）小数点と「幽霊の0（れい）ちゃん」を付け足しておきましょう。

両方の小数点を指で隠します。29と30に見えます。何が29と30なんですか？（0.1が29と30）

こうやって位をそろえて比べてみれば、数の大きさもわかりやすくなります。ちなみに、お金で考えてみよう。お年玉2.9万円と3万円、どちらが欲しいですか？

（3万円！）

先生は…、両方もらう！（笑）

```
2.9
A B
↓
2.9
3
↓
2.9
3.0
```

```
2 9
3 0
```

語りのポイント

＊位を縦にそろえ、空位を補うことで既習が生かせ、わかりやすくなる。

＊方法を名前づけするとエピソード記憶となり頭に残りやすい。「幽霊の0ちゃん」「概数のまでさん」は向山氏の実践だ。

情報BOX 小数の加法及び減法の計算の仕方について、次のように考えることができる。（略）②相対的な大きさを用いて、小数の計算を整数の計算に直して処理する。③小数の計算では、小数点を揃え、各位の単位を揃えて計算する（**小学校学習指導要領解説　算数編**）。この学習は後のたし算やひき算につながる大切な考え方となる。

143 小数のたし算

★簡単！イラストを使う。問題文を区切る。位を縦に書かせる

ライター：利田勇樹

教室での語り

■問題を読みます。「ジュースが大きいびんに0.3L、小さいびんに0.2L入っています。合わせて何Lですか？」

「大きいびんに0.3L」イラスト、大きいびんに指を置きましょう。「0.3」と書き込みます。

問題の続きを読みます。「小さいびんに0.2L入っています」先生、何と言うと思いますか？（0.2と書く！）正解！　「0.2」と書きます。

続き。「合わせて何Lですか？」たし算の「＋」を書きます。ここまで隣と確認してごらんなさい。

では教科書に式を書きます。「式0.3＋0.2」あってた人？　きれいな赤丸を描きます。

0.3＋0.2

語りのポイント

■問題文の全てを読み、「教科書に書き込みなさい」では、理解しづらい。そこで問題文を区切って読む。「読む」「書く」を1セットで行うことで、低位の子も参加できる。

■位を縦に揃えて書くことで、次の筆算につながっていく。

```
0.3 L →0.1 Lの3こ分
＋0.2 L →0.1 Lの2こ分
0.5 L ←0.1 Lの5こ分
```

■ 「0.3L，0.2Lはそれぞれ0.1L分の何こ分ですか」次のように書きます（右図）。

「0.3Lは0.1Lのいくつ分ですか」（3こ分です）そうです！　3こ分でしたね。

「0.2Lは0.1Lのいくつ分ですか」（2こ分です）天才3年生！

「3＋2は5」ですね。0.1Lが5こ分で何Lですか。（0.5Lです）さすが！　答えを書きます。「式0.3＋0.2＝0.5　答え0.5L」あってた人？　花丸！

情報BOX　出典：『TOSSランド』「小数のたし算」大関貴之
出典：『TOSSランド』「小数のたし算ひき算」福原正教

144 小数のひき算
★問題文を強調させて読む

原実践者：星原一宏／ライター：利田勇樹

教室での語り

1 問題を読みます。「ジュースが **"0.5L"** あります。そのうち、**"0.2L"** 飲みました。ジュースは何L **"残って"** いますか？」式を書きます。「式0.5－0.2」あってた人？　大きく丸。女の子ちゃん、読みます。「0.3＋0.2のときと同じように…。」「…」を補って読みます。
（0.3＋0.2のときと同じように計算する）そうですね。

2 「①0.5L、0.2Lは、それぞれ0.1Lの何こ分ですか。」次のように書きます（右下図）。
「0.5Lは0.1Lのいくつ分ですか」（5こ分です）そうです！　5こ分でしたね。
「0.2Lは0.1Lのいくつ分ですか」（2こ分です）天才3年生！
「5－2は3」ですね。0.1Lが3こ分で何Lですか。（0.3Lです）さすが！　答えを書きます。「式0.5－0.2＝0.3　答え0.3L」あってた人？　花丸！

語りのポイント

1 数字を強調させて読むために、数字を読む直前に "間" をあけて読む。そのことで、数字が強調され、子どもの頭に残りやすくなる。そして、あれこれと無駄な言葉を言わずに、問題文を読み終わったら「式を書きます」とスパッと言う。
2 前時で同じやり方を習っている。そのため、実態によっては「次、先生は何て言うと思いますか？」や「たし算のときと同じようにやってごらんなさい」と子ども達に任せてもいい。

0.5L →0.1Lの5こ分
－0.2L →0.1Lの2こ分
0.3L ←0.1Lの3こ分

情報BOX　出典：『TOSSランド』「小数のたし算」大関貴之
出典：『TOSSランド』「小数のたし算ひき算」福原正教

145 小数の筆算
★忘れちゃいけない、小数点！「エレベーター」

原実践者：大関貴之氏／ライター：利田勇樹

教室での語り

1 「2.5＋1.8を筆算で計算しよう」筆算の仕方を考えよう。筆算を書きましょう。小数点は、マスとマスの間の線の上に打ちます。普通の筆算のようにして解きなさい。普通の筆算と違うのは、小数点を入れるかどうかです。

$$\begin{array}{r} 2.5 \\ +\ 1.8 \\ \hline \end{array}$$

答えに小数点を書き忘れることが多いです。なので、忘れないためのひと工夫があります。**「エレベーター！」**言ってごらん。このようにして、筆算を解く前に、先に小数点を書く癖をつけます。

> ### 語りのポイント
>
> 「忘れちゃいけない小数点」これが私のクラスでの呪文だ。
> 子どもが忘れそうな時「忘れちゃいけない？」と聞くと「小数点！エレベーター！」と答える。
> これを繰り返し繰り返し唱えていくことで、小数点のつけ忘れは激減した。

2 「1.2＋2.8」の筆算です。ノートに計算しなさい。答えが4.0になりました。

このように、小数第一位が0になる場合があります。この0は**「幽霊の0（れい）ちゃん」**といって、答えを書くときは、0は出しません。斜め線を書いて、0を消します。忘れないようにしましょう。

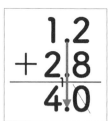

$$\begin{array}{r} 1.2 \\ +\ 2.8 \\ \hline 4.0 \\ \end{array}$$

情報 BOX　出典：『TOSSランド』「小数のたし算」大関貴之
出典：『TOSSランド』「小数のたし算ひき算」溝口佳成

146 1円玉とグラム
★身近な物の重さを1円玉をもとにしてはかる

ライター：布村岳志

教室での語り

1 2つの物を手に持って比べさせる。
「どちらが重たいかわかりますか。
やってみると、難しいですね」
「どちらが重たいか天秤を使うとすぐにわかります。このように、重たい方が下になりますね」

2「重さを比べるときには、共通の単位を使うことがあります。何でしょうか」「グラム（g）ですね。1gの重さは、みんなも知っているものと同じです」

3「それは、1円玉です。1枚が1gです。重さは1gがいくつ分あるか、で表します。1円玉をもとにして、鉛筆や消しゴムの重さを量ってみましょう」

4 子どもの持っている物を量らせてみる。
「鉛筆は何gでしたか」
「消しゴムは何gでしたか」
念のため、1円玉の枚数がそのままg数になることを確認するとよい。
1円玉をもとにして、軽い物を量る活動を確保したい。

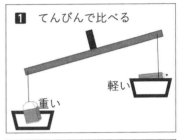

1 てんびんで比べる

軽い

重い

3 1円玉1枚で1g
2枚で2g
・・・・
□枚で□g

語りのポイント

＊これまでの学習から測量する単位があることを思い出させる。
長さ「cm」「mm」「m」
かさ「dL」「L」「mL」
＊1円玉の数がg数と同じになることに気付いた子を取り上げて褒める。

情報BOX 1円玉を1人に50枚用意するとして、30人学級では1500枚必要である。
1円玉をたくさん用意したいときは、銀行など金融機関で両替するとよい。

147 グラムとはかり
★はかりの扱い方に気を付けさせる

ライター：布村岳志

教室での語り

1　大小いろいろなはかりを用意しておく。

「重さを量る道具に、はかりがあります。

量りたいものを乗せると、何gなのか、すぐにわかります。

しかし、気を付けることがいくつかあります」

2「まず、はかりが何gまで量れるのかを確かめます。

はかりにある、一番大きい数字は何と書いてありますか。

（〜まで等の表記に気付かせる）

　　100gとあれば、100gまでのものが量れます。限度を大きく超えるものを

量ると、はかりが壊れることがあります。使うときは、よく確認しましょう」

3「それから、量りたいものがこれぐらいだと予想できることも大切です。

それによって使いたいはかりを決めることができるからです。

例えば、料理で砂糖を使うときに、こんな大きなはかりは必要ですか」

（キログラムはかりを見せて問う）

4「量りたいものによって、使いたいはかりが

違うことがわかりますね。少しだけ量りたい

時には、小さなはかりを使うなど、使い分け

ができると、量る名人になれますよ」

　　身の回りのものを量るにはどのはかりを使っ

たらよいか問い、実際に使う時間もたくさんと

りたい。

語りのポイント

＊使うはかりによって限度が違う
ことに気付かせる。

＊量りたいものの違いによって、
様々なはかりがあることに気付
かせる。

＊量感を豊かにするためにも、活
動を多く取り入れたい。

情報BOX　そのはかりで量れる重さの限度を、秤量（しょうりょう）といい、学校や家庭で用いるはかりには「使用範囲」として示されている。この限度を超さないように注意する。（『算数教育指導用語辞典』P.110）

148 キログラムとはかり
★「○キログラムづくり」で量感を養う

ライター：布村岳志

教室での語り

1「スーパーで売っているお米です。1袋で何kg入っているでしょうか」

　表示に気付く子がいる。

「そうです。○kgとありますね」

　実際に持たせてみると、意外と重いという感想もある。

2「これぐらい重たいと、前に使った小さなはかりは使えませんね」

「どうやったら重さが量れますか」

　丈夫なはかり、大きなはかりを使えばよいと言う子が出てくるだろう。

「そこで、もう少し大きなはかりを持ってきました」

　はかりの限度にも注目させる。

「これなら●kgまで量れますね」

「教室にあるもので、米袋と同じ○kgのものはあるでしょうか」

3教室から、○kgとなるものを探させる。

　実際に持ってみて見当をつける子や、何かと比較して探す子が出てくるだろう。実際に量ってみて、自分の感覚とズレが大きい子もいるだろう。活動を通して「これぐらいで○kg」だという量感も養えるようにしたい。

　いくつかのものを組み合わせて、○kgをつくる子も出てくる。それらも認めながら楽しく活動ができるようにしたい。

　もちろん、事前にちょうど○kgとなるものを準備しておくことも大事だ。

語りのポイント

＊大きいものの重さは、大きなはかりで量ることに気付かせる。

＊いきなり目的のはかりは見せない。焦らしてから見せる。

＊「○kgづくり」の活動を通して、量感を豊かにすると共に、はかりを使う技能も養う。

情報BOX 重さの量感とは、感覚でとらえた物のおよその重さをいい、概測のよりどころになる。重さは不可視的な量のため、観測はなかなか困難であるが、日常生活のなかで、中身の入った牛乳びん、500gの肉などをもった感覚を体験させておくことは、適当なはかりの選択にも必要である。（**『算数教育指導用語辞典』P.110**）

149 重さのたし算とひき算
★実際に量らなくても、計算で求められる

ライター：布村岳志

教室での語り

1「動物園の飼育員さんのお仕事に体重を量ることがあります。体重を量るときに、困ったことが起こります。どんなことか予想ができますか」

　　動物が動き回って量りにくい、などの答えが出る。

2「動き回る動物の体重を直接量ることは難しいです。

　そこで、飼育員さんが動物を抱えて動かないようにすることがあります。

　とても小さな動物の場合は、かごや箱に入れることもあります」

3「うさぎの体重を量るために1kgのかごに入れて量ってみました。

　すると体重計は3kgとなりました。うさぎの体重は3kgでいいですね」

　　そう尋ねると、違うと主張する子がいるはずだ。そこで理由を尋ねる。

　（かごの重さだけ重いから違う）（一緒に量っているから違う）など。

4「その通りです。一緒に量った分、重くなっているはずですね」

　「このことを、言葉の式で表してみましょう」

> 4　うさぎの体重は次の式で表せる。
>
> うさぎの体重 ＋ かご ＝ 全体の重さ
> 　　↓　　　　　↓　　　　↓
> 　　□　　　＋1　＝　3

「この□を求めればいいですね。

どんな計算をすればいいですか」

3－1＝2となることを確認する。

　「直接重さを量ることが難しいものでも、計算することで求められるのです」

語りのポイント

＊直接重さを量ることが難しい例を挙げる。既にわかっている重さを利用して計算すればよいという考えを引き出したい。

＊体重測定の例から、これまで学習した加法や減法のきまりが成り立つことに気付かせる。

情報BOX　長さ、重さ、時間、面積、体積などのように加法性の成り立つ量を外延量、加法性の成り立たない量を内包量ということがある。（中略）一般に加法性のある量については、それが未測量であっても、和や差が確定するものである。
『算数用語指導用語辞典』P.307

150 重さを表す「トン」の由来？
★エピソードを楽しく語る

ライター：布村岳志

教室での語り

1 「kgよりも重いものを表す単位に、トン（t）があります。
この単位ができたのには、昔の出来事が関係しています」

2 「今から500年ほど前、大航海時代と呼ばれていたのを知っていますか。
ヨーロッパの国々は、船で世界中を旅していました。
　自分の国で作ったものを、様々な国に売ることもしていました。そのため、
船にはたくさんのものが積まれていました。その中には、ワインの詰まった樽
もありました。たくさんある樽の中身を点検するのは大変です。中を見るので
は時間がかかってしまいます」

3 「船乗りさんはどうやって点検していたと思いますか」
何人かに予想を発表させる。
　「船乗りさんは、ワインの樽を棒で叩いて点検していたそうです。叩いた時
に、トン、トンという音がしますね。このことから、とても重いものの量を表
す単位をトンと呼ぶようになったそうです」

4 「このとき、樽に入っていたワインの量がど
れくらいかというと…、およそ1000kgでし
た。何か気付きませんか」
　子どもの発言を待つ。
　「そう。これが1tの重さということになっ
たといわれています」
　教科書にも、「1t＝1000kg」とあること
を確認する。

語りのポイント

＊教師が楽しそうにエピソードを
　語る。
＊予想はどんなものでも認める。
　「すごい」「先生には思いつかな
　かった」などと褒めてやる。
＊語りの間を取り、子どもの呟き
　や発言を引き出すようにしたい。

情報 BOX
日本では、1t＝1000kgと定義されている。
しかし、1トンの重さは、国によって少しずつ違っている。
アメリカ：1t＝約907kg　イギリス：1t＝約1016kg

151 はかりの目盛りに迫る助走問題
★3分間でわしづかみ

ライター：木村重夫

教室での語り

❶テンポよく数直線の導入

いきなり黒板に横線を引く。

「ここが0、ここが10。真ん中は？」（5！）

縦線で10等分する。「この時、1目盛りはいくつです
か」（1です）

10を100にする。

「ここが0、ここが100。真ん中は？」（50！）

「この時、1目盛りはいくつですか」（10です）「その通り」

「今度は難しいぞ。0と10のちょうど真ん中を小さく区切ります。チョン。他
も同じように区切ります。チョンチョンチョン…こんなにちっちゃい。（笑）」「こ
の時、ちっちゃな1目盛り、ここはいくつだ？」「全員でさんはい」（5です！）

❷数直線を曲げるとはかりの目盛り

「これから『はかり』のお勉強をします。は
かりには、このように曲がった線に目盛りが
書いてあります。**はかりの目盛りは数直線が
曲がっただけです**」

「0g、10g、真ん中は？」「この時、1目盛りは何gですか？」テンポをあげる。

「0g、100g。真ん中は？」（50g）「この時、1目盛りは何gですか」（10g）

「今度は難しい。0gと10gの真ん中を区切ります。残りもチョンチョンチョ
ン…」（さっきと同じだ！）「この時、ちっちゃな1目盛りは何gですか」

「全員でさんはい」（5gです！）「その通り！それでは教科書を開けなさい」

情報
BOX
『向山型算数教え方教室』木村重夫論文、2003年5月号P.22

---

152 ゾウの重さの量り方

★古代中国人の知恵

ライター：木村重夫

教室での語り

昔の中国のお話です。

魏（ぎ）という国の王様に、呉（ご）という国の王様から大きなゾウが贈られました。魏の王様は「誰か、ゾウの重さを量ってみなさい」と命令しました。

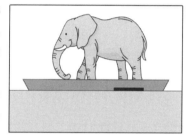

ところがゾウが大きすぎて、「てんびんばかり」や「さおばかり」には乗りません。みんな困ってしまいました。

すると、王様の息子の曹沖（そうちゅう）が「ゾウの重さを量る方法を思いつきました」と、言いました。

「まず、ゾウを大きな船に乗せます。重さで沈んだところまで、船に印をつけます」

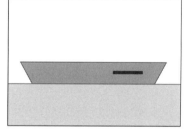

「つぎに、ゾウをおろして、ゾウの代わりに石を積んでいきます。ゾウが乗った時の印まで船が沈んだら、石を積むのをやめます」

「最後に、船に積んだ石の重さを一つ一つ量ります。石の重さの合計がゾウの重さです」

この方法で量ったら、約4500キログラム、大人約70人分でした。

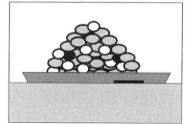

情報BOX

出典：『ひろがる言葉　小学国語　四上』教育出版「ぞうの重さを量る」P.34-35

153 3分の1、3分の2

★分数の導入は、カステラを分けた数で教える

原実践者：向山洋一／ライター：岩井俊樹

教室での語り

1 分数は、カステラで教える

「カステラを1個あげるよ」って言われました。

この時に、この半分、カステラ1個の半分。

これをどうやって表そうかと、昔の人は考えました。

2個に分けた1個だから、そのまま2個に分けた1個と書いた（板書）。

2分の1。これを分数といいます。

2 いくつか例を挙げ、分数の基本型を教える

では、カステラ1個を3個に分けた1個分、これは何ていう？（3分の1）

カステラ1個を3個に分けた2個分は？（3分の2）

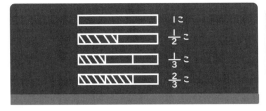

※向山氏は、ようかんだったが、現在の子ども
　の実態にあわせ、カステラとした。

語りのポイント

語るときには、黒板にカステラを
長方形で描く。語りにあわせて、
長方形を分け、色を塗るようにす
る。カステラの大きさはそろえる
ようにするとよい。

情報BOX

追試：向山洋一の最新授業CD　4年算数「小数」教育技術研究所　CD 1

教科書では、1mのテープの長さで分数を教えている。しかし、1mのテープだと子どもは
cmを使って表そうとしてしまう。そこで、「カステラ1個を分けた数」で教え、その後で教科
書を扱うようにする。「1個を○個に分けた●個分」は、分数の基本である。毎時間、授業
の始めにカステラをケーキやリボンの長さに変え、繰り返したずね、定着させるとよい。

154 分数、分母、分子とは何か
★子どもがイメージしやすい言葉に置き換える

ライター：岩井俊樹

教室での語り

■ 分数は、○等分した●個分の大きさ

　１個のものを同じ大きさで３個に分けました。

　この３個に分けた１個分を３分の１と表します。

　同じ大きさで３個に分けた２個分を３分の２と表します。

　このような３分の１、３分の２のような数を分数といいます。

② 分母は分数のお母さん、分子は分数の子ども

　分数の上と下の数字には、それぞれ名前があります。

　下にある３は、分母。お母さん。

　上にある１や２の数は分子。子どもです。

　お母さんが、子どもをおんぶしているんだね。

　もし、お母さんが上だったら、子どもがつぶれて大変になっちゃいますね。

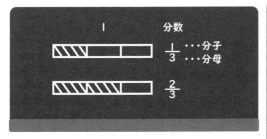

語りのポイント

この語りのあと、分数、分母、分子の言葉を覚えさせる。黒板に分数のみを書き、「3分の2を何という？」「下の3は？」「上の2は？」など、テンポよく子どもに聞き、用語を覚えたか確認するとよい。

情報BOX

追試：『3年算数　分母はおかあさん、分子は子ども』吉田高志、YouTube
吉田高志氏が、YouTubeで紹介をしている。原実践は不明。難しい用語も、子どもがイメージしやすい言葉に置き換えることで、覚えやすくなる。

155 「4分の3m」と「2mの4分の3」どちらが長い
★図を描けば一目でわかる

ライター：岩井俊樹

教室での語り

❶どちらが長いか予想させる

「4分の3m」と「2mの4分の3」どちらが長いですか？（板書）

「4分の3m」だと思う人？「2mの4分の3」だと思う人？「同じだと思う人？」（挙手させる）

近くの人とどちらが長いか、また、なぜそう考えるのかを話し合いなさい。

（しばらく話し合いをさせ、発表させる）

❷図を描いて確かめる

どちらも4分の3だけど、これは全く長さがちがいます。図を描けば、すぐにわかります。

4分の3mは、何の4分の3ですか？（1mです）

そう。だから、1mを4等分した3つ分です。75cmになります。

2mの4分の3は、2mを4等分した3つ分です。150cmになります。

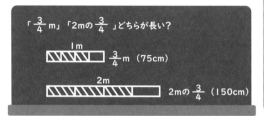

語りのポイント

この語りは板書が大切。板書は、きれいに描きたいが、できるだけ子どもから目線を外さないようにする。

情報BOX　分数とは、「1を○等分した●個分」である。4分の3mは、「1mを4等分した3個分」になる。難しいのが「2mの4分の3」である。2mの4分の3は、「2mを1として、1（2m）を4等分した3個分」になる。割合を学習していない3年生には話さなくてもよいが、教師は知っておきたい。

156 「10分の4」と「0.6」どちらが大きいか
★図を描けば一目でわかる

ライター：岩井俊樹

教室での語り

❶どちらが大きいか予想させる

「10分の4」と「0.6」どちらが大きいですか？（板書）

「10分の4」だと思う人？「0.6」だと思う人？（挙手させる）

近くの人と、どちらが大きいか、また、なぜそう考えるのか話し合いなさい。

（しばらく話し合いをさせ、発表させる）

❷図を描いて確かめる

10分の4とは、どんな大きさですか？

（1を10等分した4つ分の大きさ）（黒板に図を描く）

0.6とは、どんな大きさですか？

（1を10等分した6つ分の大きさ）（黒板の図に0.6を書き加える）

どちらも同じ数直線上に表すことができます。大きいのは0.6になります。

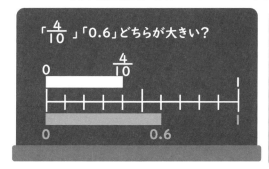

語りのポイント

図を描くと、子どもから目線が離れやすい。時々、子どもの方を見ながら図を描くようにする。10個に区切るときには、「1、2、3、…」と子どもに数えさせると、作業が入り集中しやすい。

情報BOX　0.1＝10分の1は、3年生で学習するが、10分の4＝4÷10＝0.4を学習するのは5年生である。だが、分数の定義「1を○等分した●個分」、小数の定義「1を10等分した○個分」を使えば、大小は比べられる。算数の苦手な子にも理解できるよう、図を描いて語るとよい。

157 同分母分数のたし算
★テープ図をかいてイメージしやすくさせる

原実践者：向山洋一／ライター：前平　勝

教室での語り

ここに1本のテープがあります。
このテープを6等分します。
そのうちの2つ分、何といいますか。
みんなで、さんはい。（6分の2です）

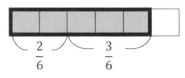

そのお隣に，6つに分けたうちの3つ分を加えます。何といいますか。
○○さん。（6分の3です）
6分の2と6分の3を合わせます。式で表すとどうなりますか。○○さん。
（6分の2＋6分の3です）
6分の2と6分の3を合わせたこの部分（太線の部分）はいくらになりますか。わかった人は座ります、全員起立。○○さん、いくらになりますか。
（6分の5です）
その通り。この計算を次のように言います。先生の後につけて言いなさい。
6分の2は、6分の1が2つ分。（繰り返す）
6分の3は、6分の1が3つ分。（繰り返す）
2＋3は5だから、6分の1の5つ分。（繰り返す）答え、6分の5です。（繰り返す）
つまり、6分の2＋6分の3の計算は、6分の1をもとにして、2＋3で考えることができるのですね。

語りのポイント

「6分の2と6分の3を合わせた部分がどうなるか」は大事なところなので、全員起立させ、緊張感を持って考えるようにさせたい。

情報BOX

参考：向山洋一デジタルアーカイブシリーズDVD　算数授業の方法
② 4年・分数のたし算とひき算その1　第1時（NPOTOSS）

158 同分母分数のひき算
★テープ図を書いて視覚化し、分数の原理から考えさせる

原実践者：向山洋一／ライター：前平　勝

教室での語り

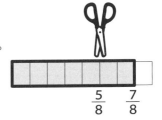

「1本のテープがあります。この
テープの8分の7mから8分の5m切り取りました。
残りは何mでしょうか」

という問題を考えます。式はどうなりますか。

（8分の7－8分の5です）

8分の7－8分の5＝0分の2　（分母も分子もひいている）

このように解いてもいいですか。先生に賛成の人？　反対の人？

これは、間違っていますよね。何で間違っているのかを考えていきましょう。

8分の7は、8分の1をいくつ集めた数ですか。（7つです）

8分の5は、8分の1をいくつ集めた数ですか。（5つです）

8分の7mから8分の5mを切り取ったとします。切り取った部分を手で隠し
てごらん。8分の7－8分の5はいくらになるのですか。わかった人は座りま
す。全員起立。○○さん、いくらになるのですか。

（8分の2です）その通り。この計算を次のよう
に言います。先生の後につけて言いなさい。

8分の7は、8分の1が7つ分。**（繰り返す）**

8分の5は、8分の1が5つ分。**（繰り返す）**

7－5は2だから、8分の1の2つ分。**（繰り返す）**

答え、8分の2です。**（繰り返す）**

分数のひき算も、分数のたし算と同じように、分母はそのままで分子だけを計
算すればよいのですね。

情報 BOX　**参考：向山洋一デジタルアーカイブシリーズDVD　算数授業の方法**
②4年・分数のたし算とひき算その1　第3時（NPOTOSS）

159 線分図をかく 500+□=900
★線分図はステップを踏んで丁寧に教える

ライター：前平　勝

教室での語り

「太郎君は500円持っています。お母さんから300円もらいました。全部で800円になりました」

式で表したら、どうなりますか。（500＋300＝800です）これをお金の図にしてみますよ（図1）。

お金を囲みます（図2）。

お金を消せばテープ図です（図3）。

テープを線にした図です（図4）。「線分図」といいます。

みんな、同じお金を表す図です。

次の問題。

「太郎君は500円持っています。お父さんからいくらかもらいました。全部で900円になりました」

お父さんからもらったお金を□円として，この問題を線分図で表すと、次のようになります（図5）。

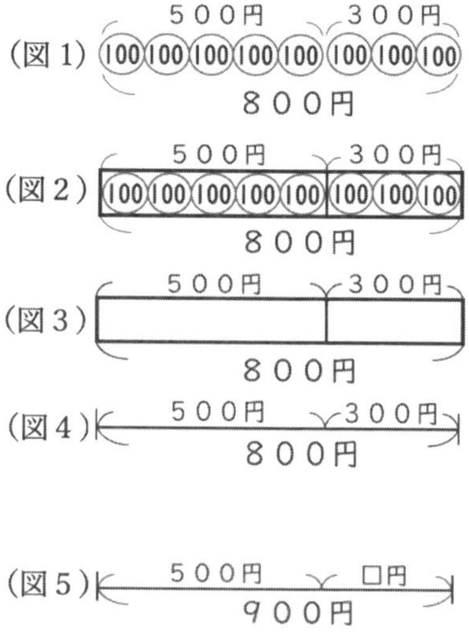

（図1）
```
         ５００円      ３００円
(100)(100)(100)(100)(100)(100)(100)(100)
              ８００円
```

（図2）
```
         ５００円      ３００円
(100)(100)(100)(100)(100)(100)(100)(100)
              ８００円
```

（図3）
```
         ５００円    ３００円
[                |           ]
              ８００円
```

（図4）
```
         ５００円    ３００円
|----------------|-----------|
              ８００円
```

（図5）
```
           ５００円      □円
|-------------------|----------|
              ９００円
```

これをたし算の式で表しなさい。

（500＋□＝900です）

□には何が入りますか。（400です）

□を求める式は何ですか。（900－500です）

これを次のようにノートに書きなさい（右図参照）。

$$500 + \square = 900$$
$$\square = 900 - 500$$
$$\square = 400$$

情報BOX　参考：『向山型算数教え方教室』No018、高橋健司論文、P.38-39
　　　　　　『算数教科書教え方教室』No.186、論文審査、P.56-57

160 線分図をかく □－300＝500
★イメージしやすい「お金」で全体像をつかませる

ライター：前平　勝

教室での語り

「太郎君は300円持っています。弟に100円あげました。のこりは200円になりました」

これを式で表しなさい。（300－100＝200です）

次の問題。「次郎君はいくらか持っています。妹に200円あげました。のこりは300円になりました」

わからない数を□とします。ひき算の式で表しなさい。（□－200＝300です）

これを「線分図」で表すと、次のようになります。

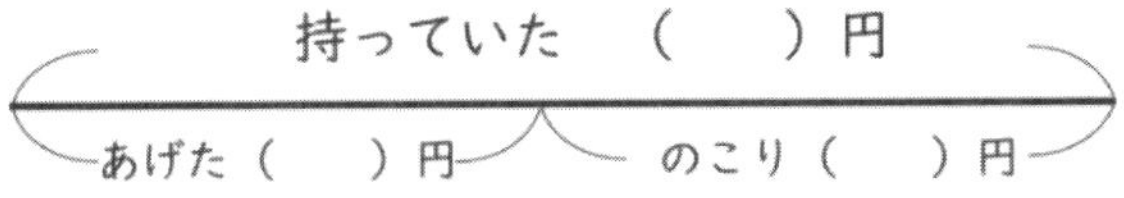

持っていた　（　　）円
あげた（　　）円　　のこり（　　）円

（　　）には何が入りますか。（「持っていた、□」「あげた、200」「のこり、300」）□には何が入りますか。（500です）

500を求める式を言いなさい。（200＋300です）その通り。次（右図）のようにノートに書きなさい。

$$□－200＝300$$
$$□＝300＋200$$
$$□＝500$$

では、次の問題。「三郎君はいくらか持っています。いとこの子どもに300円あげました。のこりは500円になりました」

わからない数を□として、上の図と同じような線分図をノートにかきなさい。できた人は先生のところにもってきます。○をもらった人は、式と答えも書きます。

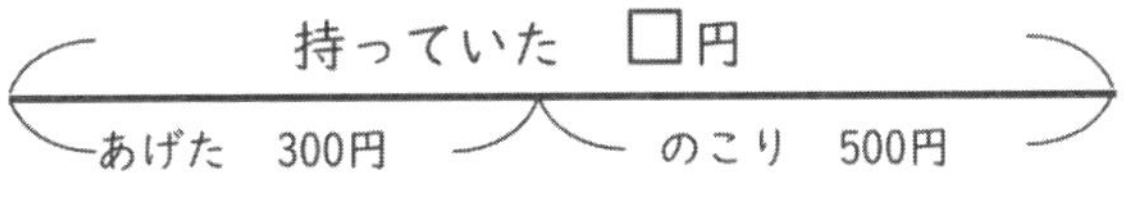

持っていた　□円
あげた　300円　　のこり　500円

情報BOX 参考：『向山型算数教え方教室』No.018、高橋健司論文、P.38-39
『算数教科書教え方教室』No.186、論文審査、P.56-57

161 線分図をかく □×8＝32
★助走問題と言葉の式で、イメージをもたせる

ライター：前平　勝

教室での語り

1人2羽ずつ、8人でつるをおったら、つるは全部で16羽になりました。かけ算の式で表したらどうなりますか。（2×8＝16です）

言葉の式で表すと、どうなりますか。「1人がおった数」「人数」「全部の数」、この3つの言葉を使って表しなさい。

（「1人がおった数」×「人数」＝「全部の数」です）

次の問題。1人が何羽ずつか、8人でつるをおったら全部で32羽になりました。わからない数を□として、かけ算の式で表しなさい（下図を参考にして式を作らせる）。

どのような式になりましたか。（□×8＝32です）

これを図に表してみますよ。先生と同じようにノートにかいてごらん。

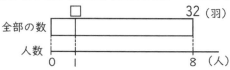

□には何が入りますか。（4です）

□を求める式は何ですか。（32÷8です）

その通り。「かける8」を反対にして、「わる8」にして求めるんですね。これを次のようにノートに書きなさい（右図参照）。

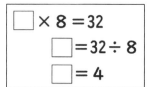

情報BOX

参考：『TOSS LAND』溝口佳成論文
（https://land.toss-online.com/lesson/ukEkOLj39yPGUktsekro）

162 何十をかける計算
★いつの間にかわかっちゃう！易しい問題から始める先生問題

原実践者：溝口佳成／ライター：利田勇樹

教室での語り

1 先生問題。5人かけのいすが1つあります。全部で何人すわれますか？（5人です）そうだね。5人ですね。では、5人かけのいすが2つあります。全部で何人すわれますか？（10人です）すごい！　では、5人かけのいすが3つあります。全部で何人すわれますか？（15人です）えー！　天才3年生！次、何て言うと思いますか？（5人かけのいすが4つあります。全部で何人すわれますか？）すばらしい！　何人すわれますか？（20人です）さっすがー！　赤丸のいす、5×30を表す丸を赤鉛筆でなぞってごらん。

> ### 語りのポイント
>
> はじめの先生問題。易しい問題からスタートする。段々と仕組みがわかってきたら、「次、何て言うと思いますか？」と子ども達に問いかける。子どもの口から大事な言葉を言わせると、教室全体を巻き込むことができる。

　　教科書の問題。「5人かけの長いすが30こあります。全部で何人すわれますか」式を書きます。

式を言います。（式5×30です）

同じ人？　正解！

2 あみさんの図に指を置きます。「5×3」この式の意味を説明してごらんなさい。（5人かけのいすが3つあることです）そうですね。5×3は？（15です）よし。15と教科書に書き込みます。15が10列あるので、「15×10は150　答え150人すわれる」となりますね。

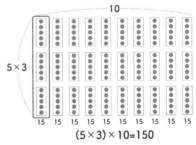

$(5 \times 3) \times 10 = 150$

情報 BOX　出典：『TOSSランド』「かけ算の筆算第2時（2けた）×（1けた）の筆算（くりあがりなし）」溝口佳成

163 2けたの数をかける

★「まず」「次に」で手順化することで、誰もが計算できる

原実践者：溝口佳成／ライター：利田勇樹

教室での語り

1「1まい12円の工作用紙を23まい買います。代金はいくらですか？」式を書きます。式を言います。（式12×23です）同じ人？　よおし！　23の下にさくらんぼをかきます。10の束とバラに分けます。まず、12と3をかけます。「12×3」いくつですか？（36です）正解。「12×3＝36」次に、12と20をかけます。「12×20」いくつですか？（240です）同じ人？　正解！「12×20＝240」「36」「240」この2つを足します。いくつですか？（276です）すばらしい！　答えを書きます。「12×23＝276　答え276円」今やったように、1の位の数字をかけ、次に10の位の数字をかけ、その2つを足すと計算することができます。

$$
\begin{array}{r}
\boxed{1} \quad 12\times23 \\
20\ \ 3 \\
12\times3\ =\ \ 36 \\
12\times20=\underline{240} \\
276
\end{array}
$$

語りのポイント

1 問題文を読んだ後、説明はせず、すぐに「式」を書かせる。ここまでの段階で、立式は意味を説明させなくてもできるようにさせておきたい。

2「まず」「次に」と作業を手順化させると子どもに入りやすくなる。

2　筆算をします。まず、かける数の十の位を指で隠します。12×3を、その下に普通に計算します。次に、一の位を隠します。12×2になります。2段目に計算します。4の位置ですが、位を1つ空けて、十の位のところに書きます。2×1＝2の2は、4の左隣に書きます。なぜ1つ空けるかというと、本当は、12×2の計算ではなく12×20の計算をしているからです。答えは240ですが、0はあとで足しても答えは変わらない。だから、書かなくてもいいので省略しているのです。

情報 BOX

出典：『TOSSランド』「3年生かけ算の筆算第2時（2けた）×（1けた）の筆算（くりあがりなし）」溝口佳成

164 3けたの数×2けたの数
★手順は同じ。子どもに問いながら筆算を進める

原実践者：溝口佳成／ライター：利田勇樹

教室での語り

1　「703×25の筆算の仕方を説明しましょう」吹き出しを読みます。「587×34とちがうところは…」「…」に入る言葉は何ですか？（「0」があるところです）同じこと思った人？　そうだね。

「703×25」ノートに筆算を書きます。

まずは、一の位です。何をしますか？（5×3です）そうですね。「5×3＝15」ここで繰り上がりの「1」は「5」の隣に書きます。なぜなら次の「5×0＝0」だからです。

あとはいつも通りに計算するよ。

次に、十の位です。何をしますか？（2×3です）よおし。「2×3＝6」次に何をしますか？（2×0＝0）0を書きます。次に何をしますか？（2×7＝14）14を書きます。では、ノートにやってごらんなさい。

先生もやってみようかな。（と言って、教師は黒板に計算をしていく。このことで、低位の子は黒板を見ながら計算ができるので、困ることがなくなる。）

語りのポイント

手順を覚えさせるために、教師は「次に何をしますか？」と子どもに問いかける。またテンポ良く進めることで、くどさがなくなる。

情報BOX　出典：『TOSSランド』「3年生かけ算の筆算第7時一の位や十の位に0のあるかけ算」溝口佳成

165 倍の計算
★いくつ分かで考えよう

ライター：堂前直人

教室での語り

1　長さをどうやって測るか？

①教師の問いかけ

　机のここからここの長さを測りたい。でも定規はありません。みんななら、どうやって測りますか？？　近くの人と相談してごらん。

②解説

　ここは様々な意見が出てくるだろう。どれも褒めて認めていく。間接比較は、既習事項である。鉛筆いくつ分か、消しゴムいくつ分か、などとすることで、任意単位を創出することができる。

2　ヒューマンスケール

　昔の人は、こうやって測りました。親指と人差し指。ギューっと伸ばします。この長さを一咫（ひとあた）といいます。開いて閉じて、開いて閉じて、芋虫みたいに進むと、何咫か測れます。

　大人の一束（ひとつか）は、大体17㎝くらいなので、あとは掛け算をすればわかるんです。

　こうやって人間の体を使って、長さを測る方法を「ヒューマンスケール」というそうです。

　ヒューマンスケールのように、基準になるものを決めて、その何倍かを考えることで、いろんなものの長さを測れます。

語りのポイント

実際にたくさんのものを測らせてみたい。何度も何度も体験させてみるのがいい。
そうやって任意単位を体感させていくことで、倍の計算の理解も深まっていく。

情報BOX　ヒューマンスケールは、咫（あた）の他にも、こぶし一つ分を「束（つか）」、両手をいっぱいに広げた幅である「尋（ひろ）」がある。
また、足一つ分がおよそ１フィート（30㎝）、一歩分が１ヤード（90㎝）であるが、これもヒューマンスケールである。

166 二等辺三角形と正三角形
★ストローを組み合わせていろいろな三角形を作る

ライター：高橋大智

教室での語り

1 　緑・赤・黄・青の4種類の長さが違うストローが5本ずつ合計20本あります。隣の人と協力していろいろな種類の三角形をできるだけたくさん作りなさい。（長さの違うひご、紐などでも代用可能。）

2 　作った三角形を1色グループ・2色グループ・3色グループに仲間分けしてごらんなさい。1色グループでは、辺の長さはどうなっていますか。全て同じ長さですね。実はこの1色グループ三角形に名前がある。教科書から見つけて、隣の人に言いなさい。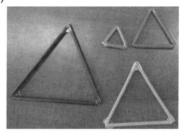

正三角形ですね。2色グループ三角形にも名前がある。これも同じように隣の人に言ってごらんなさい。

　そうだな。二等辺三角形だな。二等辺三角形は辺の長さがどうなっていますか。2つの辺の長さが等しいんだね。だから二等辺三角形というのですね。3色グループに名前はありますか？　名無しの三角形なんだね。

3 　3つの辺の長さが等しい三角形は何ですか。正三角形ですね。正三角形とは何ですか（二等辺三角形も同様に問う）。

> ### 語りのポイント
>
> * 「できるだけ」をつけることにより、意欲を高めさせる。
> * 「1色グループ」と限定することで、イレギュラーな仲間分けが起きないようにする。
> * **3**では、名称と定義の往復運動で定着を図る。

情報BOX　ストローの代わりに、ひごと粘土を使って形を作ることができる。ひごと粘土を使用することで、頂点や辺の数を確認させることが安易になる。これらは、視覚認知能力や視空間認知能力、同時処理能力が弱い子に有効である。『**通常学級で役立つ算数障害の理解と指導法**』Gakken、P.171）

167 二等辺三角形のかき方
★イメージ語と擬態語で手順を覚えさせる

ライター：高橋大智

教室での語り

1　3つの辺の長さが3㎝、4㎝、4㎝の二等辺三角形をかきましょう。1つだけ違う長さは何㎝ですか。そうだな、その3㎝をノートにかきます。手のひらのパーを、ノートにピタッ。（ゆったりかくスペースを空けさせる）その下からスタート。
①違い発見。さんはい。「違い発見」と言いながら3㎝書きなさい。

2　残っているのは何㎝ですか。4㎝だな。コンパスを4㎝にしなさい。コンパスを3㎝の端っこにブスッと刺します。そのまま上にグルッとします。グルッ。さんはい。同じようにもう片方もブスッ、グルッと言いながらかきなさい。

3　交わった、✗マークを線で結びます。
③線で結ぶ。さんはい。

4　（句点ごとに復唱させ、インプットさせる）
二等辺三角形のかき方。
①違い発見。
②ブスッ、グルッ。
③線で結ぶ。

語りのポイント

＊作図の際は、具体的にどのくらい空けてかけばいいかを長さではなく、手の感覚で掴ませる。
＊イメージ語や擬態語を唱えさせながら作図させることで、手順を覚えやすくさせる。復唱させることもその一環である。

情報BOX　図形領域においては、形を捉えて理解する場合には、視覚処理、視覚認知が重要である。どのような方向から見ても三角形であることを頭でイメージできるためには「継次処理能力」と「同時処理能力」という概念が必要である。『通常学級で役立つ算数障害の理解と指導法』Gakken、P.171

168 正三角形のかき方
★イメージ語と擬態語で手順を覚えさせる

ライター：高橋大智

教室での語り

1 　3つの辺の長さが6㎝の正三角形をか
きましょう。やり方は、二等辺三角形と
ほぼ同じだ。最初何をするのですか。そ
うだな、「違い発見」をするんだな。正三
角形だから「違い、なし！」。だから何㎝
をかけばいですか。そうですね。6㎝を
手のひらのパーの分だけ空けてノートに
かきます。

　次に何をしますか。「ブスッ、グルッ」
だな。次に何をしますか。「線で結ぶ」だ
な。（児童に唱えさせながらかかせる）

2 （テストやプリントでは、手のひらの感
覚で作図させることができない）プリントに
3つの辺の長さが4㎝の正三角形をかきま
す。まず何をしますか。

　「違い発見」だな。「違いなし」4㎝をかく
んだな。ノート以外に作図するときは、枠の
一番下から書き始めなさい。

　（同様に、次は何をするか子どもに問うて
作図させる）

語りのポイント

＊「次に何をしますか」と問うこ
とで、書き方の手順の復習を図
る。また、何をするか簡単に答
えることができるため、答えた
子を称賛する。

＊『違い発見』ができない、とい
う発見をした児童を称賛する。

**情報
BOX**　二等辺三角形や正三角形の構成を繰り返す中で、二等辺三角形の底辺と他の二辺を同じ長さ
にすると正三角形になることなどに気付かせ、二等辺三角形と正三角形の関係に着目できる
ように指導することが大切である。『**H29小学校学習指導要領解説　算数編**』**P.314**

169 角と角の大きさ
★パックマンの口の大きさが角の大きさである

ライター：高橋大智

教室での語り

1 三角定規のかどを写し取りました。直角になっているのはどれですか。かどの大きさを調べていくぞ。このかどのことを角というんだ。みんなで言ってみよう。（写すときは比較させるため、トレーシングペーパーを使うとよい）かどを口にしてパックマンをかきます。一番口を開いているパックマンはどれですか。一番大食いの⑤だな。これが一番大きい角なんだ。

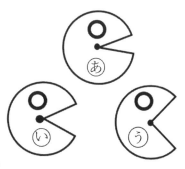

2 念の為に、口の大きさを確かめよう。パックマンを切って、喉を重ねなさい。・のところを頂点というんだ。

3 （角の大きさは、頂点から出ている2つの辺の長さによって大きさを誤ってしまう児童がいる）先生問題。角が大きい順に記号を書きましょう。パックマンをかいたら、切って重ねてごらん。どこを合わせるのですか。喉（頂点）を合わせないと大きさが変わってしまうな。

語りのポイント

* 角の大きさを口の開き具合にし、子どもが想像しやすいものにする。
* 切って重ねる場面では、どこに合わせて重ねるのか、見つけた児童を称賛する。

情報 BOX 二つの角の大きさがぴったり重なり、それらが等しいことを確かめることなどを指導する。（『H29小学校学習指導要領解説算数編』P.161）となっており、重ねるときは、一つの頂点から出る2本の辺の長さを等しくさせたり、頂点を重ねて比較させる必要がある。

170 正の字を使って整理する
★江戸時代から続く「画線法」

ライター：堂前直人

教室での語り

1　どうして正の字を使うの？

　正の字を書きながら、表に整理していく方法を勉強しました。ところで、どうして「正」の字を使うのでしょうか？　予想を近くの人と話してごらん。

　「五画でわかりやすい」とすると、他の五画の漢字でもよいということです。

　五画の漢字にはどんなものがありますか？　ノートに書いてごらん。（立、玉、主など次々と出てくるだろう。次々に板書していく）

　どれが一番パッと見て、数がわかりやすそうですか？

　こういったことを様々検討した結果、「正」を使っているのですね。

2　正の前は、どの字？

　このように漢字を使って数を数える方法は、江戸時代、お侍さんの時代から、使われていました。「画線法（かくせんほう）」といいます。

　その頃は、「正」ではない字を使って、数えていました。しかし、その字を使うと、数え間違いが起こってしまうため、正の字になったらしいのです。

　その字は、次のどれだと思いますか？

　①右　②玉　③四

　答えは、②の「玉」。墨がポトンと落ちた時に、点か汚れかわからなくなってしまうということがあり、正になりました。

語りのポイント

低学年であれば、三択のようなクイズの要素を入れるだけでも、グッと引き込まれる。
また、「どうして正の字なのか」のような素朴な疑問について、教師が語ってやることで、算数に興味を持つ子も生まれる。

情報BOX

参考書籍：『「算数」授業の新法則～３年生編』学芸みらい社、P.99
正の字のほかにも、「☑」などの別のもの使っても、数えることができる。また、五芒星で「五」を表したり、五芒星の外を囲み「十（10）」を表したりする地域もある。

171 棒グラフとそのかき方
★〇が□に変身して棒グラフになる

ライター：堂前直人

教室での語り

1　〇から□に変身

みんなはこれまでに、〇を使って、グラフにするやり方を勉強してきました。こんな感じですね（右図参照）。

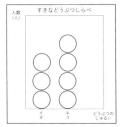

3年生になると、この〇が、□に変身します。□を1つ、2つと積んでいくわけです。（板書の〇の上から、□で塗りつぶしながら棒にしていく）

でも、このままだと困っちゃうことがある。□が何個あるのかわかんない。だから、ここ（縦軸）に数字を書いておく。ここが1だぞーって（1から横軸を薄く引きながら）印をつけとくんだ。

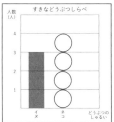

じゃあ、ここ（2）はどうなるの？　そう、2だぞーって。ここ（3）は？　3だな。

2　グラフのかき方

みんながかくときは、1個ずつ□したら大変だ。

だからね、まずは□が何個になるかなって、数える。3個だ！ってわかったら、屋根をつくる。ここだぞって。

そのあとに、積んだ□を塗っていくんだ。屋根が壊れないように、丁寧に塗るよ。

語りのポイント

2年生までに、〇を使った絵グラフを学習してきている。

その経験を生かすためにも、〇が□に変わる場面を視覚的に理解させていくのがよい。

ゆえに、「板書」しながら、語っていくのが効果的だろう。

情報BOX

1、2年生で習う丸やイラストを使ったグラフを「①絵グラフ」という。3年生では、「②棒グラフ」を習う。その後、4年生で「③折れ線グラフ」、5年生で「④帯グラフ」、「⑤円グラフ」。最後に6年生で「⑥ドットプロット」、「⑦柱状グラフ」、「⑧比例反比例グラフ」を習うことになる。

172 表を1つにまとめる
★切って合体させる

ライター：堂前直人

教室での語り

1　事前準備

　3つの表を1つの表にまとめる学習となる。事前の準備として、3つの表を別々に印刷したものを子ども達に配布する。板書用に拡大したものを1つ用意しておいてもいいだろう。また、1人1台端末で作業させるとすれば、画像データにしておくとよい。

2　3つの表を重ねる

　今、見ている3つの表を1つの表に整理してみます。先生と同じように、自分の表を変身させていきます。

けがをした人数（9月）	
場所	人数（人）
校庭	14
体育館	6
ろう下	4
教室	2
その他	5
合計	31

けがをした人数（10月）	
場所	人数（人）
校庭	18
体育館	6
ろう下	8
教室	3
その他	1
合計	36

けがをした人数（11月）	
場所	人数（人）
校庭	15
体育館	11
ろう下	5
教室	1
その他	2
合計	34

　けが調べ9月はそのまま使います。10月、11月は、「人数」のところで2つに切ります（上図参照）。その3つを合体させます（下図）。

けがをした人数	（9月）	（10月）	（11月）
場所	人数（人）	人数（人）	人数（人）
校庭	14	18	15
体育館	6	6	11
ろう下	4	8	5
教室	2	3	1
その他	5	1	2
合計	31	36	34

　その後、この表と教科書の表を比べながら、違いを見つけさせていく。

語りのポイント

子どもに作業させることでイメージを持たせる指導である。
まずは教師がやって見せ、それと同じように作業させる。
そうすることで、個別支援も行いやすくなる。

情報
BOX

「なぜそのような1つの表（二次元の表）になるのか」を視覚的に示すことで、表をまとめるという行為の意味を理解させることができる。
また、二次元の表はこの後、4年生でも扱われることになるので、「読み取り方」についても、十分に確認しておきたい。

173 向山式そろばん指導①
★1円なり、1円なり…1円では

原実践者：向山洋一／ライター：井上和紀

教室での語り

　向山洋一氏は「毎回15分ずつ、6回の授業をした」と述べている。

　そろばんの基礎として、「ご破算で」から始め、そこでそろばんを整えることを教える。また、そろばんの下には何も置かず、左手で端を押さえ、五玉をはじくときは、人差し指ですることを教える。

（1）1日目　親指の使い方を教える

　「ご破算で、願いましては、1円なり、1円なり、1円なり、1円では」（4円です）いきなりそろばんを使わせる。「ご破算で」で

　「ちゃんと、点のある所に玉を置いてありますか。そこが基準ですよ」

　「下の玉は、親指であげるのですよ。親指しか使いません」

　もう一度やってみる。

　「ご破算で、願いましては、1円なり、1円なり、1円なり、……」

　「次は少し難しいですよ。ご破算で、願いましては、11円なり、11円なり」　親指ではじくだけの練習をする。

　最後は4桁「1111円なり」である。

　変化のある繰り返し。

　これだけで子どもは熱中する。

語りのポイント

授業の原則十ヶ条の第二条に「一時一事の原則」がある。ここでは、「点のある所に（玉を）置く」「下の玉は親指であげる」である。いきなりそろばんを使いながら、一つずつ子どもに指示を与え、それを確かめるのである。

　「2円なり、……」「22円なり」と進める。そして次のように変化する。

　「願いましては、121円なり、212円なり、110円では」

　これは、子どもにとってはけっこう難しいのだ。（以上引用）

情報BOX

引用文献：
『教室ツーウェイ』明治図書、向山洋一論文、1996年5月号
『向山型算数教え方教室』明治図書、細井俊久論文、2010年3月号
新法則化シリーズ『「算数」授業の新法則～3年生編』学芸みらい社

174 向山式そろばん指導②

★2日目、3日目、4日目の指導

原実践者：向山洋一／ライター：井上和紀

教室での語り

（2）2日目　五玉を人差し指で入れることを教える

「5円なり、50円なり、500円では」（555円）

「5円なり、500円なり、50円なり、5000円では」

（5555円）

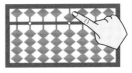

（入れる）

（3）3日目　親指、人差し指を同時に入れる「6円」などを教える

「6円なり、60円なり、600円なり、6000円では」

「人差し指で5、親指で1を入れます」

（やり方を教える）

「7円なり、70円なり、700円なり、7000円では」

「6円なり、70円なり、800円なり、9000円では」

「8円なり、60円なり、900円なり、7000円では」

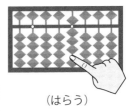

（はらう）

（4）4日目「4円なり、4円なり」「3円なり、2円では」というように変化させる。

「願いましては、4円なり、4円では」

（8円）

「5をたして、余分な1をはらいます」

「願いましては、3円なり、2円では」

（5円）

「5をたして、余分な3をはらいます」

語りのポイント

向山氏の授業は、リズムとテンポがよい。しかし、急いでいる様子は見られない。むしろゆったりしていて聞き入ってしまうくらいである。そして、数字が浮き出るように読んでいる。ぜひ、ここまで追試したい。

情報BOX

引用文献：

『教室ツーウェイ』明治図書、向山洋一論文、1996年5月号

『向山型算数教え方教室』明治図書、細井俊久論文、2010年3月号

新法則化シリーズ『「算数」授業の新法則〜3年生編』学芸みらい社

175 向山氏の「間の数に注目して」
★原理を見つけるために3問解かせる

実践者：向山洋一／ライター：木村重夫

教室での語り

> 　道にそって、12mごとに木が植えてあります。かずみさんと兄さんは、
> 1本めから8本めまで走ります。2人は、何m走ることになりますか。

1 道に木が植えてある問題です。「**道問題**」とノートに書きなさい。

　「8本目まで」走りますから「**8本**」と書きなさい。その右側に「**間**」と書いて、間はいくつありますか。「**7つ**」と書きなさい。12mが7つ分。

　式と答えと筆算を書きなさい。　　　　　　　　12×7＝84　　　答え84m

筆算をちゃんと書いておくんですよ。

　式・筆算・答えの3つを書くことを何といいますか。「**3点セット**」ですね。

2 次に、似たような問題を出します。

　木が10本だとします。道問題ですから、「**道問題**」とします。木が10本です。「**間**」はいくつですか。図をかいて考えるのですから、図をかけばいいんですね。間は9つですね。10本の木、間は9。その時、何m走りますか。3点セットで書きなさい。　　　　　　　　　　　　　　　12×9＝108　　　答え108m

3 もう1問やってみます。木が15本並んでいます。「**道問題**」15本です。「**間**」はいくつですか。14ですね。これも答えを出します。

　　　　　　　　　　　　　　　　　　　　　　　12×14＝168　　　答え168m

4 さて、「**木の数**」と「**間の数**」との間にはどんな関係がありますか。言葉と式で書きなさい。（関係を見つけるためには1問では足りないので3問解かせる。）　　　　　　　　　　　**木の数－1＝間の数**

5 この後「**池問題**」に進む。「**がいとうの数＝間の数**」の関係に気づく。

情報 BOX

向山洋一氏の介入授業（向山型算数セミナー東京）
木村重夫『現代教育科学』明治図書、2011年1月号

語りを"辞典化"する道しるべ

I 本書 を使って、わかる「授業」を組み立てましょう！

　本書には、よくわかる楽しい授業実践が満載です。目次から「学年」「単元名」「タイトル」でヒットするページを見つけてください。発問・指示・板書・子どもの反応・留意点など、追試しやすく書いてあります。他学年の実践もご自分の学年の子どもに合わせて、アレンジして活用できます。最新単元「データの調べ方」実践や、GIGAスクールに対応した「プログラミング的思考問題」も活用してください。すき間時間に「難問」や「和算」を出せば子どもたちは熱中することでしょう。

2 本書 を使って、「教材・教具」を使いこなしましょう！

　本書には、教材・教具を効果的に使いこなす実践が満載です。鉛筆、消しゴム、ノートから始まって、低学年ではブロック、百玉そろばん、二十玉そろばん、色板、竹ものさし、はかりなど。高学年ではミニ定規、分度器、コンパス、そろばん、地図、電卓そしてタブレットパソコンなどの教材・教具。これらをタイミングよく、どの子もできるように工夫した実践はきっと役立つことでしょう。

3 本書 を使って、「語り」で子どもを引きつけましょう！

　本書の目玉が「語り」です。全員の子どもをグイッと引きつける「語り」に挑戦してみませんか。算数の学習内容につながる「語り」、深める「語り」、広げる「語り」…。宇宙、生き物、脳科学、数と人間の歴史、不思議で美しい数学の語り。

　場面を絵に描くような「語り」をすることで、子ども達はシーンと集中するでしょう。「先生、またお話して！」とリクエストが出ます。「勉強ができるようになるには」「すぐあきらめがちな子には」など、学習ルールや規律を「お説教」ではなく「描写」で語ることで子ども達にジワリと浸透していくのが「語り」です。各ページの**「語りのポイント」**を参考に、ぜひ挑戦してみてください。

木村重夫

あとがき

　安全主任として、全校児童の前で「交通安全」について話す機会がありました。「道路への飛び出しは危険ですよ」などと話すのは「お説教」です。これはあまり聞いてもらえません。そこで、私自身の子どもの頃の体験談を話すことにしました。

> 　先生が小学生のときです。柔らかなカラーボールと竹で作ったバットで野球をしていました。お兄さんが打ったファールボールが、広場から道路に飛んでいってしまいました。先生はそのボールを拾いたくて、友達と競走で追いかけました。道路の向こう側にころがった黄色いボールを見て、「オレの方が先に拾うぞ！」と本気で走りました。先生はボールしか見えていなかったのです。道路に飛び出た瞬間、キキーッ！とすごい音がしました。突然飛び出した子どもに、車が急ブレーキを踏んだ音です。車は先生のすぐ横30㎝くらいの所で止まりました。

　全校児童がシーンと聞いていました。誰も頭が動きません。口を開けている子もいました。普通の集会では誰かの頭が動いているものです。場面を描写して話すこと、これが「語り」です。子どもは「語り」ならば聞いてくれます。修学旅行の夜に、希望する子ども達を一室に集めて懐中電灯だけの暗闇で語った「怖い話」は、毎回大人気でした。

　「語り」の素晴らしさを教えてくださったのは、私のお師匠さんである向山洋一先生です。本書まえがきで紹介した『わかんねーの神様』の語りは、優しさとユーモアたっぷりで引き込まれます。向山先生から何度も「お説教じゃなく、描写せよ」と教えられました。「語り」について向山先生は次のように言われました。

> 　子どもは先生の話が好きです。先生が旅行した話など大好きです。（中略）宇宙の話もしました。旅の話はもちろんしました。成功した人の話もしました。子ども達は毎日のように「先生のお話して」と言っていました。子ども達にお話をしていますか。教師自身が体験したことがいいのです。

　「語り」の魅力を教えてくださった向山洋一先生に感謝の気持ちでいっぱいです。
　算数の「語り」を中心に、全国の力ある先生たちに執筆していただきました。
　学芸みらい社・樋口雅子編集長には様々にサポートしていただき、ありがとうございました。表紙カバーデザイン、「先生のイラスト」はグラフィックデザイナーの息子・和人が描いてくれました。周りからは「しっかり前を見据えたイラストは教師を元気にする」と、たいへん好評でとても嬉しく思います。
　　　　令和4年4月

　　　　　　　　　　　　　向山型算数セミナー事務局代表　　　木村重夫

◎執筆者一覧

岩井俊樹　　愛知県公立小学校
宮森裕太　　神奈川県公立小学校
赤塚邦彦　　北海道公立小学校
本間尚子　　新潟県公立小学校
下山てるみ　東京都公立小学校
橋本　諒　　静岡県公立小学校
横崎邦子　　埼玉県公立小学校
松本菜月　　栃木県公立小学校
五十嵐貴弘　北海道公立小学校
篠崎栄太　　神奈川県公立小学校
細井俊久　　埼玉県公立小学校
桜沢孝夫　　埼玉県公立小学校
前崎　崇　　東京都公立中学校
徳本孝士　　神奈川県公立小学校
中田昭大　　北海道公立小学校
田中泰慈　　静岡県公立小学校
小島庸平　　東京都公立小学校
並木友寛　　千葉県公立小学校
末廣真弓　　長野県公立小学校
津田奈津代　埼玉県公立小学校
井上和紀　　新潟県公立小学校
川田啓輔　　神奈川県公立小学校
大井隆夫　　福岡県公立学校
竹内進悟　　長野県公立小学校
大川雅也　　長野県公立小学校
山崎克洋　　神奈川県公立小学校
溝口佳成　　滋賀県公立小学校
利田勇樹　　東京都公立小学校
布村岳志　　北海道公立小学校
前平　勝　　鹿児島県公立中学校
堂前直人　　愛知県公立小学校
高橋大智　　栃木県公立小学校

◎編著者紹介

木村重夫 （きむら しげお）

1983年、横浜国立大学卒業。
埼玉県公立小学校教諭として34年間勤務。
2018年〜現在、日本文化大学講師。
TOSS埼玉代表、TOSS祭りばやしサークル代表を務める。
〈著書・編著〉
『成功する向山型算数の授業』『続・成功する向山型算数の授業』
『算数の教え方には法則がある』（明治図書出版）
『教室熱中！めっちゃ楽しい 算数難問1問選択システム』1〜6年生レベル相当編
『教室熱中！めっちゃ楽しい 数学難問1問選択システム』中学・高校レベル相当編（学芸みらい社）
〈共同開発〉
『うつしまるくん』（光村教育図書）
『向山型算数ノートスキル』（教育技術研究所）
『算数授業に効く！ "とっておきの語り" 167選 4〜6年生編』（学芸みらい社）

算数授業に効く！
"とっておきの語り" 175選
1〜3年生編

GAKUGEI
MIRAISHA

2022年5月30日　初版発行

編著者　木村重夫
発行者　小島直人
発行所　株式会社学芸みらい社
　　　　〒162-0833　東京都新宿区箪笥町31　箪笥町SKビル3F
　　　　電話番号 03-5227-1266
　　　　https://www.gakugeimirai.jp/
　　　　E-mail : info@gakugeimirai.jp
印刷所・製本所　藤原印刷株式会社
企　画　樋口雅子
校　正　大場優子
カバーイラスト　木村和人
カバーデザイン　吉久隆志
本文組版　本郷印刷KK

算数授業に効く！"とっておきの語り" 167選

4〜6年生編

木村重夫〔編著〕

定価：2,600円＋税
A5判 並製：184ページ
ISBN：978-4-909783-91-2 C3037

「算数って面白い！」子どもが身を乗り出してくる、教師の声かけ実例集！

子どもをひきつける 励まし＆ユーモア話
算数授業に効く！"とっておきの語り" 167選 4〜6年生編
木村重夫 編著
GIGA操作にも対応 新しい学力づくり＆基礎基本学力のやる気を出す 教師の語りかけ
教科書全単元を網羅！"子どもに伝わる説明"事例集
◎学芸みらい社

子どもを励まし、やる気にさせる「語り」のポイントを学年ごと、単元ごとにまとめた算数授業の最新版。GIGA時代にも対応し、タブレットやパソコンで的確に教えるための教具や用語の使い方、授業での発問・指示・説明の場面などをわかりやすく解説。

ICT活用の学力づくり ＋ 基礎基本の学力 やる気を出す教師の語りかけ

もくじ より抜粋

教室熱中！めっちゃ楽しい
算数難問 1問選択システム

うーん、難しい。／出来そう！／出来た！

動画のマスコット「ライオンくん」（作：山戸 麦）

●木村重夫＝責任編集
☆B5版・136頁平均・本体2,300円（税別）

1巻 初級レベル1＝小1相当編
堂前直人＋TOSS/Lumiere

2巻 初級レベル2＝小2相当編
中田昭大＋TOSS流氷

3巻 中級レベル1＝小3相当編
松島博昭＋TOSS CHANCE

4巻 中級レベル2＝小4相当編
溝口佳成＋湖南教育サークル八方手裏剣

5巻 上級レベル1＝小5相当編
岩田史朗＋TOSS金沢

6巻 上級レベル2＝小6相当編
林 健広＋TOSS下関教育サークル

別巻 数学難問＝中学・高校レベル相当編
星野優子・村瀬 歩＋向山型数学研究会

デジタル時代に対応！ よくわかる動画で解説

　各ページに印刷されているQRコードからYouTubeの動画にすぐにアクセスできます。問題を解くポイントを音声で解説しながら、わかりやすい動画で解説します。授業される先生にとって「教え方の参考」になること請け合いです。教室で動画を映せば子どもたち向けのよくわかる解説になります。在宅学習でもきっと役立つことでしょう。

教科書よりちょっぴり難しい「ちょいムズ問題」

　すでに学習した内容から、教科書と同じまたはちょっぴり難しいレベルの問題をズラーッと集めました。教科書の総復習としても使えます。20問の中から5問コース・10問コース・全問コースなどと自分のペースで好きな問題を選んで解きます。1問1問は比較的簡単ですが、それがたくさん並んでいるから集中します。

子ども熱中の難問を満載！

　本シリーズは、子どもが熱中する難問を満載した「誰でもできる難問の授業システム事典」です。みなさんは子どもが熱中する難問の授業をされたことがありますか？ 算数教科書だけで子ども熱中の授業を作ることは高度な腕を必要とします。しかし、選び抜かれた難問を与えて、システムとして授業すれば、誰でも子ども熱中を体感できます。

これが「子どもが熱中する」ということなんだ！

　初めて体験する盛り上がりです。時間が来たので終わろうとしても「先生まだやりたい！」という子たち。正答を教えようとしたら「教えないで！　自分で解きたい！」と叫ぶ子たち。今まで経験したことがなかった「手応え」を感じることでしょう。